AF390197

LAS ÚLTIMAS MANTAS DE ANTEQUERA

ExLibric

JOSÉ LUIS SÁNCHEZ-GARRIDO Y REYES
MANUEL SALAZAR COBOS

LAS ÚLTIMAS MANTAS

DE ANTEQUERA

EXLIBRIC

ANTEQUERA 2020

JOSÉ LUIS SÁNCHEZ-GARRIDO Y REYES
MANUEL SALAZAR COBOS

LAS ÚLTIMAS MANTAS

DE ANTEQUERA

Prólogo

Tiene usted en sus manos, amable lector, un libro ameno, de extensión razonablemente aquilatada al fin divulgativo que pretende, sencillo de leer, en el que su autor, mi querido amigo José Luis Sánchez-Garrido y Reyes, rememora con cierta nostalgia lo que constituyó, sin duda, la manifestación industrial más importante y característica de Antequera, quizás la única de cierta envergadura a lo largo de su historia. Lógicamente, le hablo de la fabricación de mantas, que llegó a alcanzar una elevada cuota en el ámbito regional e incluso nacional a lo largo del siglo XIX y la primera mitad del XX. Ciertamente, también hubo en Antequera en aquellos tiempos otras actividades industriales de relevancia como pudieron ser, por ejemplo, la curtiduría, con varias tenerías; y la industria siderometalúrgica, con importantes fundiciones que destacaron a nivel provincial e incluso regional. Pero, sin duda, fue la fabricación de mantas el ejemplo puntero en el ámbito industrial antequerano a lo largo de su historia.

Los que tenemos ya cierta edad y hemos vivido en Antequera nuestra infancia y juventud aún recordamos el sonido rítmico, insistente y machacón de las lanzaderas de los telares al ser impulsadas por golpes secos de palanca, en su incansable ir y venir a través de la urdimbre para insertar la trama. Aún pervive en nuestra memoria aquel incesante tac, tac (o chat, chat, como dice José Luis) que percibíamos al pasar por la calle Henchidero, donde se ubicaba Manufacturas Rojas Castilla S. L., la de las muy conocidas mantas Maroca y sede del actual complejo educativo del mismo nombre; o, muy cerca de la anterior, casi colindante con ella, pero ya al principio de la calle Río Rosal en dirección hacia el Carmen, al pasar junto a Muñoz Avilés; o al acercarnos a cualquier lugar de la ribera del río de la Villa, plagada de fábricas de mantas. Aún más, en pleno casco urbano hemos oído este acompasado y monótono ruido, este incesante chat, chat, al caminar por la calle Higueruelos, donde había una fábrica que cita José Luis; e incluso al pasar junto a determinadas casas particulares, donde hubo también algún que otro telar aislado. Por ejemplo, que yo recuerde, hubo uno en la plaza del Carmen, situado en la planta baja de la Casa de las Torres; y otro en la calle del Río, justamente frente al número 3, que es donde yo viví unos años de mi adolescencia y juventud.

Desde la «piscina de Jerónimo», frente al antiguo lavadero, todos los de mi generación pudimos ver, mirando hacia abajo, hacia el río de la Villa, el giro parsimonioso de una noria bastante grande que, aprovechando la fuerza motriz del agua, accionaba la maquinaria de una de tantas fábricas de mantas, cuyo nombre y propiedad no acierto ahora a poner en claro.

Y los que por aquellos tiempos vivimos en el barrio del Carmen o en sus aledaños más de una vez nos bañamos en el «cao». Los antequeranos (yo no nací en Antequera, pero soy antequerano desde siempre, por familia y por sentimiento) sabemos perfectamente lo que es el «cao». Para los no antequeranos, conviene advertir que la única acepción que recoge el Diccionario de la Real Academia Española de la Lengua remite a cierta ave carnívora de la familia de los córvidos, que nada tiene que ver con el significado que aquí damos a dicha palabra.

El «cao», palabra del argot del gremio y que rescata José Luis, en Antequera es el cauce artificial paralelo al río por el que se deriva el agua destinada a mover la noria, agua que se devuelve después al río, a un nivel inferior. Todas las fábricas de mantas se abastecían de agua de un «cao» y en el que nos bañábamos era el que tenía la fábrica de mantas Laz (posteriormente, Hilansa), edificación que se ve todavía perfectamente desde la antes llamada plaza del Deán García Sarmiento, delante de la iglesia del Carmen, que es desde donde yo la veía.

En fin, por desgracia, todo esto no son más que recuerdos, añoranzas de un pasado que va siendo ya lejano y que, inexorablemente, no ha de volver. Son recuerdos y añoranzas de algo que el tiempo arrasó despiadadamente y de lo que quedan pocos vestigios, algunos destacables, como el del complejo del Henchidero, que bien merece visitarse, como nos sugiere amablemente el autor. Es una pena, pero así es la historia. Así de cruel.

En un lenguaje coloquial, sencillo, como si de una charla informal de café se tratara, José Luis nos «abre su corazón» de par en par para ir describiendo sus impresiones y emociones ante aquello que fue y ya no es. Aprovecha cualquier resquicio para hacer un alegato en favor del rescate y mantenimiento del patrimonio industrial y cultural del entorno, todo ello desde su amor confesado, inconmensurable, a su patria chica, a su adorada Antequera. Y es que, como decía su hermano Antonio, recientemente fallecido y que bien lo conocía, sus escritos «no son solo escritos, son sentimientos, tienen humanidad». Fruto de este sentimiento y de esta humanidad es el libro que tiene en su mano, amable lector. Un libro que me atrevo a calificar de entrañable no solo por su estilo, por su prosa cordial y sin complicaciones, sino también por su metodología, en la que ha desempeñado un papel primordial el testimonio, al que recurre constantemente, de alguien que vivió el apogeo y posterior e inapelable declive de la industria textil antequerana: el último «mantero» de Antequera o, mejor dicho, hablando con propiedad, el último «perchero» de Antequera, su «veterano» amigo don Manuel Salazar Cobos, perfecto conocedor de cuanto se tejía y destejía en ese mundillo de la industria textil de Antequera. José Luis, con buen criterio y toda justicia, considera que la obra es tanto suya como de don Manuel.

Defensor a ultranza de la libertad de empresa, no deja José Luis pasar la ocasión de manifestar su admiración por la labor del empresario. No resulta extraña, por tanto, su lucha contra el tópico establecido respecto a las causas de la decadencia y extinción de la industria textil antequerana. En contra de la opinión mayoritaria, exculpa al empresariado local de responsabilidad al efecto, para centrar el origen del ocaso de esta importantísima actividad, principalmente, en la evolución tecnológica (con la aparición de nuevas fibras sintéticas y el cambio de paradigma) y en el inexorable transcurrir del tiempo, que hace que todo evolucione constantemente y que para que nazca algo nuevo sea necesario que muera lo anterior, como muestra despiadadamente la historia.

Del autor diré que lo conozco bien desde la infancia y la adolescencia, pues no en vano fuimos compañeros de clase y de pupitre en el entonces llamado Instituto Nacional de Enseñanza Media Pedro Espinosa, donde estudiamos el Bachillerato. Para él solo puedo tener palabras de elogio, que nacen de nuestra amistad, qué duda cabe, pero, por encima de ella, de la más estricta objetividad. Buen compañero, magnífico estudiante, hizo carrera brillante y ha desempeñado muy importantes cargos directivos en la empresa privada, siempre ligados al ámbito de su especialidad de Ingeniería Agrícola (es la persona que más sabe de abonos de toda España y quizás me quede corto; lo digo así, entre paréntesis, pero para que se sepa). Ese carácter afable que muestra puedo asegurar que es genuino. No hay impostura alguna, tampoco, en la serenidad que irradia.

Después del Bachillerato nuestras vidas divergieron y, desgraciadamente, durante bastante tiempo nos hemos frecuentado poco, mucho menos de lo que hubiéramos deseado. Ahora que ya ambos gozamos de «vacaciones permanentes» hemos retomado nuestra antigua amistad y nos vemos con más frecuencia. José Luis ha vuelto a su Antequera natal, a su querida Antequera. Yo ya lo había hecho mucho antes. Ha vuelto a su casa de siempre, a su calle de siempre, con su esposa, madre de sus hijos y compañera de toda la vida, su querida Trini, y tan pletórico y con tantas ganas de trabajar que le falta el tiempo para todo cuanto tiene entre manos. Desde siempre le gustó escribir y ahora que se ha visto liberado de las obligaciones profesionales ha dado rienda suelta a su desbordante imaginación, de modo que en un muy corto espacio de tiempo ha escrito «no sé cuántos» libros, de los que este es un buen ejemplo, y tiene otros tantos en proyecto. Se puede decir de él que es una auténtica «fábrica de escritura». En su muy personal prosa, amena y coloquial, nos habla de los más variados temas, amalgamados siempre por los nobles sentimientos que le impulsan y subyacen en todo cuanto emprende, entre los que quiero destacar su acendrado amor a Antequera y a sus gentes, a todas sus gentes, sin ningún tipo de distinción.

En fin, amable lector, aquí le dejo. Gracias por su atención y espero y deseo que disfrute con la lectura de la obra que tiene en sus manos.

Alejandro Herrera Durán

Índice

1. Preámbulo

Antequera y sus mantas (sus antiguas fábricas de mantas, que ya solo quedan en la memoria y en viejos edificios de la ribera, algunos remozados, otros desmoronándose y algunos ya inexistentes) es un tema atrayente para los que queremos a Antequera y nos gusta conocer nuestra historia, pues la fabricación de mantas forma buena parte de ella.

El apartado de las mantas de Antequera siempre me ha atraído y he tenido del mismo unos conocimientos muy embrionarios, casi ninguno más bien, y cuando he profundizado en este asunto, cuando le he dedicado horas a su estudio, me he percatado de que estaba muy equivocado. No ha sido la historia de un fracaso histórico donde perdimos el tren por inoperancia, por dejadez o por comodidad, aunque es muy corriente ponerlo como símbolo de fracaso antequerano para autoflagelarnos o, mejor dicho, para flagelar a los que estaban en ello, entendiendo por tales a los empresarios de dichos negocios y de paso a todos los ciudadanos. Un pesimismo y un abatimiento de los que muchas veces, en mi opinión, abusamos los antequeranos de manera inapropiada.

El haber perdido la industria de las mantas ha sido un proceso lógico en un cambio de ciclo, en un cambio de tendencias. Se cerraba una etapa y se iniciaba otra muy distinta, donde se hizo todo lo posible por parte de la industria antequerana por sobrevivir con los medios disponibles. Debemos estar muy orgullosos de nuestro pasado textil en la producción de mantas, exitoso y desaparecido cuando no había otra opción. Tras el mucho tiempo dedicado a la recopilación de datos y análisis, es la conclusión a la que llego de forma clara y nítida.

En general, es bastante desconocido nuestro pasado industrial textil y la pretensión de este escrito es, de forma sencilla y lo más amena posible, que el posible lector obtenga una idea clara y fácil para conocer más sobre nuestro pasado en esta apasionante área.

Los antequeranos más mayores sí que sabemos de ellas, de nuestras mantas. Los nuevos antequeranos, enganchados al móvil día y noche, según lo que observo y detecto, no saben por lo general que hemos fabricado muchas mantas los antequeranos de antes. Son así los nuevos tiempos. Tiempos que, por un lado, me gustan mucho; pero que, por otro, me desconciertan y me duele que no vean con más profundidad el pasado, que es la base del futuro. Un pasado donde Antequera ocupó un lugar destacadísimo en la fabricación de mantas de gran calidad para el bien de la ciudad, siendo bueno para todos sus ciudadanos, directa o indirectamente.

Producir mantas es además una forma de generar sueños bajo ellas, ilusiones y zozobras, y también, cómo no, de procrear nuevas generaciones y aumentar la población. Fabricando mantas se activaba la economía y se producía empleo.

A través de los años muchos miles de mantas de lana se han fabricado en Antequera. Evidentemente, no hay estadística, pero haciendo unos simples números, unos sencillos cálculos, y teniendo en cuenta su historia acumulada, estimo unos diez millones de mantas, con una producción media de 100.000 al año entre todas las fábricas y considerando cien años de fabricación. Sin duda, la cifra real debió de ser mucho mayor, pero en ello más vale ser comedido. Solo quiero dejar la idea de que han sido muchísimas. Como concepto de fondo, ello me basta. No han sido una ni dos precisamente.

Hermosas, magníficas y recordadas mantas antequeranas repartidas por toda España y también por el extranjero en menor porcentaje, pero muy digno de mención. Hoy ya no serán muchas las que queden, salvo alguna que otra metida en un arcón antiguo o en alguna cama de alguna casa muy vieja. Vestigios de atrás. Me viene ahora a la memoria cómo las mantas viejas y limpias, dobladas, se metían arriba en los armarios o en baúles durante el verano, ya que por su volumen no cabían en cajones del aparador (muebles bajos que había en los comedores) o de la cómoda (los muebles con cajones de los dormitorios). Entre los pliegues de estas mantas se guardaban, bien colocados, los mantecados hechos en casa. Así los tenían las abuelas y así los vi en mi casa cuando niño. Seguramente, al estar aislados con la manta «no se revenían», no adquirían humedad, puesto que no se envolvían en papel, y se regulaba su temperatura. Y aunque se cerraban los cajones con llave, siempre cabía la opción de sacar totalmente del mueble el cajón de arriba y por el hueco dejado en esta operación, coger algún que otro mantecado del cajón cerrado con llave.

Debajo de las mantas, durante muchos años, se ha gestado el nacimiento de muchos críos en noches de amor y de esperanzas, ello aumentado por la no existencia de la televisión ni de calefactores, que hacía estar más tiempo en la cama cuando se podía. El placer de los domingos en alta medida era levantarse tarde. Así, bajo las mantas, transcurrieron muchos sueños.

Considerando que de los diez millones de mantas cinco millones eran de matrimonio, que la vida media de la manta fuera quizá de al menos veinticinco años y calculando cuatro críos nacidos por manta, se puede decir que con su cariño las mantas de Antequera han colaborado de forma activa en el nacimiento de veinte millones de habitantes en total a lo largo de los años. La producción de niños antes era mucho más alta; ahora estamos en total declive de la natalidad.

Los que tuvimos la suerte de usar mantas de lana de Antequera siempre las tendremos en nuestro recuerdo: el colchón con lana de oveja y la manta de lana de oveja, el hoyo en el colchón y la manta gruesa, aunque lo habitual eran dos mantas en invierno, o una doblada y encogiendo los pies, con lo que solo se helaba la cabeza al tener la misma fuera de dicho embozo. Antes las ventanas no cerraban tan herméticamente como ahora y las baldosas del suelo sonaban al pisarlas porque no estaban en muchos casos bien asentadas. El frío si se osaba andar descalzo era escalofriante.

No sé, quizá por la nostalgia, por los recuerdos, creo que las noches de antes eran más bonitas, más naturales que las de hoy. Con los modernos colchones y edredones que no pesan y no se sienten es otra cosa. Las mantas «se sentían», pesaban y ayudaban a dormir, ayudaban a soñar. Y también a vivir más intensamente. Ahora todo es más ligero, más sutil, más liviano, etéreo.

Ahora todo es muy limpio, aséptico. Ya nadie echa de manos las famosas escupideras debajo de la cama para no tener que desplazarte lejos por los pasillos helados durante la noche. Me parece bien que hayan desaparecido, pero añoro las mantas de lana de Antequera. Seré de los antiguos.

Antequera va indisolublemente unida a sus mantas. Las mantas de Antequera, Antequera y sus mantas. Mantas de una calidad extraordinaria, arrolladora, impresionante. Esto es así, así ha sido.

Don Manuel Salazar Cobos (en adelante, Manuel) cumple dentro de unos días, el 27 octubre de 2020, la edad de 95 años. Nació en 1925, encontrándose ahora, como antes, muy bien de salud y mejor de cabeza.

En los primeros meses de 2020 iniciamos este proyecto. Tuvimos diversas reuniones en su casa, que hubo que suspenderlas con la llegada de la COVID para retomarlas con ilusión. Apenas fue factible. Tiene un estado envidiable de memoria y de salud mental. La salud física es otra historia. Su clara mente es excepcional.

«José Luis —me comenta—, tengo la convicción y el deseo de superar los cien años». Esta expresión no me sorprende nada y sonrío, me alegra, me produce cierta alegría. ¡Qué bien! ¡Qué alegría encontrarse así en esa avanzada edad y con esas ganas de vivir!

Solamente quedan dos personas vivas de las fábricas de mantas de Antequera. Son los últimos trabajadores del sector lanero en la ciudad, cuyas últimas instalaciones cerraron hace poco más de medio siglo. Manuel Salazar Cobos fue la última persona que estuvo en la fabricación de las últimas mantas de Antequera.

Su hijo, de nombre también Manuel, estuvo con su señora en la presentación de mi libro *Callejeando por Antequera* en las postrimerías de 2019 y, dado que en la obra se incluye un apartado dedicado a las fábricas textiles, le comentó a Trini, mi compañera de vida, la vida de su padre alrededor de las mantas y la buena memoria que tiene. Yo contacté con el hijo y después con el padre, con el que he tenido incontables reuniones de entre dos y tres horas de duración. En algunas ocasiones me he llevado el ordenador portátil a su casa, el bloc y el bolígrafo, o bien lo hemos grabado en el móvil y después, pacientemente, he procurado reconstruir la historia que me narraba, cosa nada fácil, al menos para mí. También me he ido documentando visitando una y otra vez la ribera del río, leyendo lo que he podido y navegando en internet, aprendiendo, estudiando, comprendiendo y, desde luego, con cierta inquietud y anhelo, disfrutando.

El tema es apasionante, es un asunto de mi tierra, del lugar donde nací. Aunque he estado más de cincuenta años fuera, soy, evidentemente, antequerano. Quizá lejos se la quiera más, cuando no se la tiene cerca, aunque esto de que los amores se puedan comparar no es medible de forma alguna. Estoy muy contento porque, posiblemente, si este libro no se hubiese escrito mucho de lo descrito se hubiese perdido en el tiempo para los siglos venideros.

Manuel Salazar, entre visita y visita, ha ido almacenando recuerdos que me ha relatado cuando nos hemos visto con bastante ilusión. Es difícil comparar quién tiene más ilusión en este libro, él o yo. Me quedo con que los dos por igual, que es bastante.

Así, con los datos recogidos más, lógicamente, lo que yo haya podido aportar me puse a redactar estas páginas con tesón, perdiendo alguna vez, para mi desolación, la información en el ordenador. Algo normal en estos casos al tocar alguna tecla inoportuna, en lo que soy bastante experto.

En fin, en cierto modo, pasando malos ratos en alguna ocasión ante una tarea que no sabía si podía culminar, pero disfrutando por lo aprendido y con la colaboración de mi mánager, la señorita María José Ruiz Roldán, la cual me da clases de informática y a la que tanto debo en la producción de mis libros.

Yo me he adentrado en el mundo de las mantas de la mano de Manuel, del mundo profesional de Manuel. A medida que he ido sumando visitas a su casa han aumentado mi afecto y cariño hacia él, además de sorprenderme su mente tan equilibrada y ponderada y una memoria estupenda, privilegiada, una memoria nada común en una persona con 95 años.

Es posible que haya algunas imprecisiones, aunque he procurado que no sea así. Mucho tiempo le he dedicado a ello, pero bueno, es normal que pueda tener algún o algunos fallos que no haya sabido detectar. Si ello fuese así, ruego que se me disculpe. Lo que sí he pretendido es dejar una idea lo más clara posible del entorno y la producción de mantas de Antequera en esta reconstrucción escrita.

El libro lo llevaba trabajando a un ritmo que diría normal para mí, pero con la COVID y prácticamente sin salir de casa, con casi todos los temas programados en agenda suspendidos y recluido en la biblioteca, le di un empellón tremendo y espero llevarlo a la calle, con la gran colaboración de la editorial ExLibric y del buen amigo don Carlos Torres, antes del final de 2020.

Las calles están vacías y los medios de comunicación dan noticias que producen miedo. Los que tenemos ya una edad muy madura y queremos conservar lo que nos quede de vida, que es poco, estamos recluidos y agazapados, esperando que esto acabe algún día no muy lejano, antes de que el virus termine con nosotros, y que las muertes y daños económicos sean los mínimos posibles.

2. La vida de don Manuel Salazar Cobos

En 2020 Manuel cumple los 95 años. Hablo con él en la mesa camilla, en su piso. Allí vive con su hija Carmen.

«Ven cuando quieras», me comenta desde la primera vez que le pedí el número de teléfono para llamarlo y concretar la segunda cita. «Siempre estoy aquí, no salgo», me sigue diciendo. «No tienes que llamar antes para nada por teléfono. Ven y ya está. No te doy el número, no hace falta. Ven por aquí cuando quieras». No le insisto pidiéndole el mismo; si me hace falta, lo pido en la joyería de la esquina de calle Merecillas con Toronjo, que es de su hijo Manuel y que hoy llevan los nietos.

Precisamente vive Manuel, casualidades de la vida, en la calle Aguardenteros, en un piso en cuyo solar estaba antes situada la fábrica de mantas de calle Higueruelos, del Grupo García-Berdoy (en adelante, Berdoy). Él vive en calle Aguardenteros, pero el solar da a la calle Higueruelos, donde tenía la entrada la fábrica, que era la única que estaba en la ciudad. Las demás fábricas de mantas antequeranas estaban en la ribera del río de la Villa. Él durante varios años trabajó en la fábrica de calle Higueruelos. Nunca imaginaría, supongo, que de mayor viviría en aquel espacio.

La niñez de Manuel fue bastante complicada. El día 11 de agosto de 1936 en Antequera todo el pueblo decía: «Que vienen los moros, que vienen los moros». Se hablaba de barbarie, de matanzas indiscriminadas y de violaciones a mujeres, todo tipo de atrocidades. Temor y miedo, angustia e incertidumbre.

Sus padres, los padres de Manuel, de nombre Antonio y Carmen, vivían antes en calle Málaga (ahora con el nombre cambiado, como tantas otras calles en la actualidad; el nuevo nombre de esta es calle Niña de Antequera), calle-carretera en cuesta subiendo y bajando, desde plaza del Carmen a San Juan.

Su padre era albañil y nació en 1888. Su madre, en 1890. Sus padres estaban más que preocupados y por ello cogieron a sus siete hijos de todas las edades (el más pequeño con tres años, Paco; y la mayor, con diecisiete años) para al menos pasar esa noche en Villanueva de la Concepción. Salieron con la idea de volver, pero no volvieron. Ya las tropas moras estaban en Antequera y se fueron andando a Málaga. Iban camino de la capital con lo puesto (y sin dinero, por supuesto) las nueve personas, el matrimonio con los siete hijos y una burra. Tardaron dos días en llegar; las carreteras iban llenas de personal, estaban atestadas. Se huía por miedo, sin saber por qué la guerra, la muerte, la tragedia. Parecía que se avecinaba el fin del mundo.

En Málaga estuvieron acogidos, como muchos más, en la finca La Concepción, desde donde hay unas vistas impresionantes de la capital y donde habían llegado muchas personas, pero se decían que llegaban los moros a Málaga y que estaban matando a mucha gente, niños y mayores. Los padres no entendían de política, solo querían salvar a la familia, por lo que optaron, como tantos otros, por marcharse a Almería, igualmente andando. Manuel tenía diez años. De esto hace ya 85 años.

Ellos, las nueve personas, solo llevaban la burra para ir a Almería. En Málaga les regalaron un burro para hacer el viaje debido a la numerosa prole.

En este desplazamiento de Málaga a Almería iban miles de personas con mucho miedo y pavor, muchos malagueños y de otras localidades, simplemente huyendo del peligro, sin saber qué harían en Almería, llenos de incertidumbre, sin saber dónde podrían vivir y si podrían comer.

Como digo, el matrimonio, los siete hijos y dos cuadrúpedos emprendieron el camino de Málaga a Almería andando, sin nada que comer, sin dinero y con lo puesto. El panorama era terrible.

El desplazamiento era tremendo en cuanto al número de personas. Era una salida en masa de una parte importante de la población malagueña hacia Almería. Hay mucho escrito; fue un episodio espantoso dentro de la Guerra Civil, objeto de reportajes y libros. Un horror. Una masacre ingente.

La carretera costera estaba repleta de personal andando, que era bombardeado una vez y otra por los barcos Cervera y Baleares; por otro lado, la aviación continuamente volaba sobre la gente, disparando con ráfagas de metralleta que dejaban la carretera cubierta de muertos y ciudadanos agonizantes. Ellos tuvieron suerte, porque no murieron como tantos otros.

Tardaron ocho días en llegar, durmiendo en las cunetas o en pleno campo, comiendo lo que podían, cualquier cosa que le quitara el hambre, y no mirando cadáveres descuartizados por las bombas de los barcos o muertos por la metralla de los aviones. «¡Niños, no miréis, por favor! ¡Niños, tapaos la cara y agarraos las manos unos a otros!». Este viaje de horror, de hambre, de incertidumbre, de miedo, de absoluta inseguridad, pensando en la muerte en cualquier momento, marcaría de forma importante su vida.

¡Terrible drama de miedo y de fin del mundo!

El 7 de febrero de 1937 fue cuando Manuel, con solo diez años, y el resto de su familia salieron para Almería. Sus recuerdos se agolpan. Era muy niño, pero se acuerda del hambre perpetua, del cansancio y del miedo, del frío, de los temblores y de los muchos muertos en la carretera o situados en las cunetas, que le erizaban el vello.

De Almería a Alicante ya fueron en tren, de Alicante a Valencia, también en tren. Eran trenes gratuitos de carga. No viajaban en asiento de pasajeros, sino como si fuesen paquetes, en vagones de carga. Después de Valencia, a Vinaroz y Benicarló y vuelta a Valencia, donde el padre murió de neumonía. La tragedia aumentaba. Cualquier situación mala es susceptible de empeorar. Sintieron la soledad, el desamparo, la certeza de un futuro muy negro, el enorme hueco en su corazón, un drama real, el hambre y la necesidad. Allí les acogió un familiar y vivieron estrechos, casi hacinados, en un espacio totalmente insuficiente.

Regresaron a Antequera en abril del 39, una vez acabada la guerra. Fueron meses de penurias y de incertidumbres y sin poder haber podido regresar antes.

En Valencia tres de los hermanos estaban en el colegio, entre ellos Manuel, y los otros cuatro, que eran algo mayores, estaban trabajando en lo que pillaban, buscándose el pan día a día.

Total, que en la guerra lo pasaron bastante mal, terriblemente mal. El colegio donde estaban los tres era una colonia donde habían recogido a niños de toda España. Estaba situado en Albaida, provincia de Alicante. En esta colonia estaba Manuel, con lo que no podía ver a su madre en aquel, para él, lejano internado.

Los billetes de tren no les costaban dinero, pues venían en vagones de carga de mercancía. No había billetes de tren para este tipo de desplazamientos; solo había que ir a la estación, ver si había hueco en algún vagón, subirse en él y tener la paciencia de que llegase, después de mil paradas en el camino y mucha suciedad.

En Antequera por fin de nuevo. Desde la llegada a Antequera hasta la fecha de incorporación a una fábrica de mantas de Berdoy estuvo casi dos años en Atarazana, fábrica en la que hacían ovillos de lana, que los vendían para con ellos hacer adornos para los borricos. Esta empresa estaba en la ribera, junto al Huerto de Perea, su recordado y para él añorado y famoso Huerto de Perea. Allí no se hacían adornos, solo se fabricaba el ovillo de lana. Estaba muy cerca de su casa.

Atarazana es un nombre que llama la atención. Tiene un doble significado. Generalmente, el conocido es el recinto militar donde se reparan embarcaciones, como las Reales Atarazanas de Sevilla; pero tiene además otro significado en el mundo textil, que es un cobertizo donde se hacen cuerdas, generalmente para el ganado equino.

En las atarazanas antequeranas se hacían rollos de cordel de algodón para adorno de caballos y mulas. Estos rollos los compraban los talabarteros. Había muchos talabarteros en Antequera. No había tractores y las faenas agrícolas se llevaban a cabo con tracción animal. Había una enormidad de bestias; en casi todas las casas tenían una cuadra para ellas. Era la forma, en buena medida, de hacer desplazamientos, de realizar las labores agrícolas y de mover los carros de transporte. En vez de caballos de vapor, como ahora, había caballos de cuatro patas.

En calle Estepa, un poco por debajo del Cine Ideal, que en su día se ubicó allí, había un establecimiento cuyo dueño tenía una hija (que recuerde yo), compañera en el Instituto Pedro Espinosa. Se llama Virtudes Conejo. No la he vuelto a ver. Creo que fue probablemente la última talabartería, toda muy ordenada. En calle Estepa había otros muchos ejemplos: junto a la tienda de electrodomésticos Ardila o en la esquina con calle Carreteros, donde hoy está el Hotel Infante. En calle Carreteros había otra llamada Servi (creo que era un apellido), junto a Salón Rodas, otro establecimiento donde se hacían y vendían aparejos para los animales.

Manuel habla mucho del Huerto de Perea, donde está la citarilla. Es un huerto muy nombrado en Antequera, yo lo he oído siempre, y cuenta con una historia muy interesante. He indagado acerca de quién fue el señor Perea, al cual le pintaron un magnífico retrato al óleo que figura en el Museo Municipal de Antequera, pero no me quiero salir de nuestra biografía. Solamente reseñar que falleció en 1843, a los 62 años. Vivía en calle Encarnación, en una gran casa, y se dedicaba a curtir pieles y a su venta. Su viuda compró terrenos que después donó a una congregación religiosa. Hoy es el Colegio de la Inmaculada. En el Huerto Perea, sus frutos en alta medida eran para los trabajadores que él tenía. Los ciudadanos mantienen el nombre de este lugar. No pasa lo mismo con las calles precisamente.

Manuel retorcía hilos para que fuesen más gruesos y con el ovillo de lana preparado para la venta. No cobraba un sueldo, sino una cantidad por kilo de ovillo que hacía. Tantos ovillos has hecho, pesan tanto, tanto cobras. Desde luego, ínfimo, pero algo había que hacer. Otra actividad consistía en la confección de ovillos para adorno de borricos. De esta forma, muchos de los alegres borricos iban adornados con adornos hechos de hilo grueso confeccionados por Manuel. Hoy esta actividad se ha extinguido; ya no hay borricos, al menos de cuatro patas.

En un paréntesis me comentó que uno de sus hermanos estuvo veinticinco años de camarero en el casino, cuando el mismo estaba en calle Estepa, esquina con Aguardenteros. Había en aquellos entonces cuatro camareros y un encargado y de noche se trabajaba hasta que todos los socios se hubiesen marchado. Anteriormente a ello el casino estaba un poco más abajo, en la misma acera de la calle Estepa, en lo que hoy es una mole, un bloque de pisos con más plantas de lo lógico en el centro histórico.

No quiero dejar nada de lo que me dice en el tintero para exponer su vida y su entorno lo más claramente posible. En la anterior ubicación del casino que se comenta, en la puerta había sillones donde se sentaban los socios. Eran sillones para exteriores que daban un aire peculiar a la calle Estepa. Había en el casino un gran espacio de patio o jardín donde ahora se levanta una colmena de pisos, que no sé cómo serán por dentro, pero que por fuera son espantosos, como todos los similares. Serán cómodos y funcionales, seguramente muy buenos por dentro, pero no se ha cuidado un aspecto más que importante, que es su aspecto exterior, feo como el de casi todos los bloques de pisos de unas determinadas épocas de la ciudad, como ha ocurrido en tantas otras.

Menos mal que a estas tropelías se les puso fin; no obstante, si no las hubiese habido, Antequera, que ahora es bonita, lo hubiese sido aún más. Hubiese sido algo totalmente inigualable. Eso es soñar un poco con los ojos abiertos. Ahora, sin embargo, está muy bonita. Las ciudades se transforman, es incuestionable, pero no deben perder su casco histórico, su vida anterior. Ya con las normas vigentes se salvaguarda el casco antiguo y fuera del mismo las construcciones tienen una normativa en cuanto a ancho de calles, aparcamientos por metro cuadrado, zonas verdes, número de habitantes por metro... En fin, se impide la construcción de aberraciones urbanísticas. Esto garantiza en alta medida la conservación de nuestro patrimonio para el futuro.

Continuando con la historia, eran años de racionamiento, de sueldos más que bajos, de falta de trabajo y de calamidades.

A la que fue después su mujer la conocía de siempre, pues eran vecinos. No tuvo que ir muy lejos. Al lado de Manuel y familia vivía su abuelo y en la casa siguiente vivía la novia. Se casaron en 1949 en la iglesia del Carmen. No había convite ni viaje de novios y fueron a vivir a calle los Hornos, a una casa donde vivía la abuela de ella. Era lo que había. Así era la vida. Quedó viudo en 2010.

Estas biografías conviene, en mi opinión, que sean conocidas por los niños de hoy. Vivo apartado de estos, pero, no sé, creo que la experiencia de nuestros mayores probablemente les sea desconocida. Manuel es, sin duda, una persona objetiva, realista y positiva, nada caprichosa y con la cabeza bien amueblada, como se dice ahora. Quizá debido a lo mucho que sufrió en su juventud.

Manuel empezó a trabajar con García-Berdoy el 1 de noviembre de 1942 en la fábrica La Juanona; tenía unos diecisiete años. Al principio, durante un mes no cobró nada. Trabajaba en turnos de doce horas, una semana de día y otra de noche. Después ya cobraba tres pesetas al día. Esto de trabajar y no cobrar en los inicios es un asunto que no se olvida nunca, me lo ha repetido en diversas ocasiones. Es difícil olvidar el primer trabajo. A mí me pasa lo mismo.

Se llevaba la comida cada trabajador a la fábrica y allí se comía en cualquier sitio, donde se podía. No se habían inventado todavía los comedores industriales. En aquellos tiempos las empresas no tenían comedores, ni sala de duchas, ni vestuario, ni otros muchos adelantos sociales que ahora tenemos. Uno se duchaba en su casa e iba al trabajo ya vestido con ropa para el mismo.

Era un sueldo pequeño, pero estaba contento porque tenía al menos trabajo, que no era poca cosa. Tener trabajo era una alegría. Esto me lo repite en varias ocasiones, la alegría de tener trabajo. Si no hay trabajo es un problema para todos, lógicamente; y si no ganaba más, pues bueno, era lo que había, pero trabajaba y era útil.

En La Juanona había muchísimo personal, había personal para todo, una dimensión de plantilla que contrasta con la de las empresas en tiempos modernos. De alguna forma, se trataba de dar trabajo al mayor número de personas posible, aunque con salarios mínimos. Era, en definitiva, una forma de amparar a los ciudadanos. Había personal en exceso de forma clara. Para cualquier cosa una persona. Muchas personas, poco dinero. Todos los trabajadores de todas las empresas estaban militarizados, no podían faltar al trabajo. Después de la guerra, cuando él empezó a trabajar, la situación era así.

Estuvo una temporada en La Juanona y de allí lo pasaron a la fábrica de los Remedios, igualmente de García- Berdoy.

En el año 1943 tuvo un accidente en la fábrica de los Remedios, del cual le quedan cicatrices importantes en el brazo, que se lo pilló con un engranaje de ruedas dentadas. Tuvo el accidente en el brazo izquierdo al meter la correa en la polea, con los engranajes que mueven la correa. Y no se le olvida nunca que fue en 1943. Herido y sangrando, fue andando con un compañero desde la fábrica de los Remedios por calle Belén, calle Carrera, calle Encarnación y calle Estepa hasta el hospital. No sabía si iba a llegar vivo o terminaría desangrado antes. El desplazamiento se le hizo interminable, eterno, porque el temor a morirse le aterraba. Estuvo cerca de morir desangrado.

En el mes de abril de 1943 no existía el teléfono en la fábrica (realmente, no había teléfonos en ningún sitio) y coches de combustión no había en Antequera. El desplazamiento habitual que no fuese andando era en bicicleta o en coche de caballos, pero allí no tenían. Llegó bastante debilitado, pero era joven y fuerte y, sobre todo, tenía muchas ganas de vivir.

En la fábrica Los Remedios, a la salida de Antequera para Granada, estuvo Manuel hasta que se fue a la mili en 1946. El servicio militar duraba dos años y medio y era igualmente duro. En la mili el personal estaba muy mal alimentado.

Al volver de la mili fue a La Juanona de nuevo. Cuando habla de La Juanona (y mucho) yo percibo hacia la misma un cariño especial, de una gran industria dentro de su contexto, de mucha actividad y de mucho compañerismo. Ha estado muchos años sin ir por allí; concretamente, más de cincuenta años. Ahora, por el tema del libro, ha vuelto y ha visto lo que queda de ella y el remozado paraje del nacimiento de la Villa, tan cambiado. Ha tenido un gran impacto psicológico esta visita, que afrontó Manuel con total entereza.

Se trabajaba en las fábricas de mantas todo el año y los turnos eran de doce horas, porque se trabajaba día y noche. Una semana tenía turno de día y otra semana de noche, doce horas continuadas. Los sábados se cerraba la fábrica a las ocho de la tarde y se arrancaba de nuevo el lunes a las ocho de la mañana. En el fin de semana se cambiaba de turno, es decir, los que tenían esa semana turno de día pasaban a la siguiente a turno de noche. Dos turnos que hoy serían tres con ese esquema de trabajo. El proceso de producción no permitía dejar de trabajar de noche, como veremos en este libro más adelante.

El desplazamiento a las fábricas de mantas por los operarios se hacía andando, lo cual era un buen paseo, porque no había entonces otras opciones, aunque esto a él no le importaba lo más mínimo. Cada uno llevaba su comida y a la una de la tarde tocaba la campana y era la hora de comer. Se hacía en cualquier sitio, había una hora de permiso para ello, ni un minuto más. Otra vez la campana. Al no haber vestuario ni duchas, como hemos dicho, se volvía a casa sucio para asearse en casa. Era lo que había en aquellos tiempos;

en general, lo que había en todos sitios. Y en casa, sin agua potable, sin instalación, había que ir con cántaros y cubos a la fuente.

Un abuelo suyo era «ramblero» (para dar el ancho a las mantas con las máquinas adecuadas) y también lo era su tío. Él la única profesión que ha tenido siempre ha sido la de «perchero», es decir, se encargaba de sacar el pelo a las mantas. Sí, sacar el pelo a las mantas para que estén suaves, agradables y den buenas sensaciones. Tema, desde luego, digno de tener en cuenta. Toda la vida especializado en el manejo de máquinas para sacar el pelo a las mantas, a las magníficas mantas de Antequera.

De La Juanona pasó a fábrica de calle Higueruelos en 1955 y de aquí lo trasladaron a Hilansa en 1967. Hilansa se cerró en 1976, casi a final de año. Manuel estuvo en esa fábrica nueve años, desde el inicio al último momento, hasta el último día en que estuvo abierta.

Hilansa fue la última fábrica que cerró. Sus instalaciones estaban en una antigua fábrica, que en su tiempo fue de la familia Bouderé, y se puso en marcha entre varios socios fabricantes de mantas.

En Hilansa (Hilaturas de Lana S. A.) hacían solo hilo con fibra artificial o sintética. El hilo se enviaba a las fábricas de los accionistas de Hilansa, donde las tejían. Después volvían a Hilansa para sacar el pelo en las perchas y de nuevo retornaban a las fábricas para cortar el «trozo», ribetear las mantas, envasarlas y expedirlas.

Uno de los socios era la fábrica del Henchidero, donde ahora está la escuela de hostelería. La fábrica Rojas Castilla, primos hermanos de la tienda de Confecciones de Rojas, en calle Estepa, que tantos años tiene de actividad. El dueño era don Francisco Ruiz Ortega, que fue alcalde de la ciudad, muy recordado. Después fue su hijo alcalde, don Francisco Ruiz Rojas. Junto a esta fábrica estaba la de don Miguel Muñoz Avilés, donde hoy está el Museo Textil. Otra a la que se suministraba el hilo era la fábrica La Cruz.

La última que cerró fue la de Hilansa (en hilo) y lo hizo conjuntamente con la fábrica del Henchidero de don Miguel Muñoz Avilés. Las dos cerraron a la vez, a finales de 1976. Esto fue lo último en Antequera. Después de estos dos cierres simultáneos (de Hilansa haciendo hilo y sacando el pelo y de la fábrica del Henchidero tejiendo) no quedó nada. Habían muerto las mantas en Antequera en noviembre de 1976. Él estuvo vamos a decir en el entierro de la última manta (entierro mental), porque en sus manos tuvo la última manta antequerana, cuya producción había empezado más de un siglo antes. Sacó el pelo a la última manta, que era no de lana, sino de fibra artificial.

Manuel, en cuanto a mantas se refiere, trabajó veinticinco años en el Grupo Berdoy y nueve en Hilansa, aparte de los dos años y medio en la mili. En el momento del cierre, en Hilansa había varios empleados, ocho o nueve. Solo uno de ellos era una mujer, cuyo hermano también trabajaba allí. Le pregunté los nombres de los que trabajaban con él en Hilansa. Claro, esta pregunta la hice un poco para probar su memoria, para ponerlo en un brete.

«No sé, no me acuerdo», me contestó. Yo sonreí un poco; al fin lo había pillado en algo. Pero no: a la semana siguiente me entregó un papel manuscrito con los nombres y apellidos de sus compañeros. Me quedé asombrado con este recuerdo.

Ninguno está en este mundo, solo Joaquín Mora, un compañero que trabajaba «en la confección de hilos» y que procedía, antes de trabajar en Hilansa, de la Máquina Íñiguez (máquina, en el argot de los profesionales de la lana en Antequera, es como se llamaba a una fábrica; tienen ellos una terminología propia, no muy extensa, pero sí muy curiosa).

Manuel tenía dudas de si Joaquín Mora vivía o no. En nuestras reuniones me lo repetía: «No sé nada de Joaquín desde hace años». Se ha informado y vive. Son los dos que quedan de las fábricas de mantas, que se sepa. Joaquín vive en el barrio de Santiago, en calle La Cantera, nombre que guarda el recuerdo de lo que fue en su día. Manuel estaba contento de que su buen compañero esté vivo. Lo vi sonreír abiertamente.

Al pasar de Berdoy a Hilansa se le reconoció la antigüedad y le dieron un documento a este respecto. Cuando cerró Hilansa cobró 554.000 pesetas debido a esa antigüedad. En aquellos tiempos era dinero. Esto lo cobró del Fondo de Garantía Salarial y le pagaron en efectivo, en billetes. Lo cobró en unas oficinas frente al Ayuntamiento, al lado de donde estaba la Seguridad Social. Le preparó los papeles don Francisco Gálvez, de la Caja de Ahorros de Antequera, y le vino muy bien tener el certificado de los veinticinco años en Berdoy. Si no hubiese sido así, habría tenido graves problemas con el Fondo de Garantía. Siempre es bueno prever problemas para evitar los mismos.

Manuel en Hilansa, con la máquina de «perchar» sacando el pelo a las mantas, su profesión de siempre. Había dos máquinas en Hilansa, una de procedencia Berdoy, moderna; y otra de procedencia Rojas. Las mantas se pasaban por las dos. Concretamente, la de Rojas se encargaba del acabado final.

Después de cerrar Hilansa estuvo un año Manuel en el paro y de ahí paso a trabajar en Sudotex, que era una compañía danesa, con buenas máquinas y tecnología, situada en el polígono industrial de Antequera. Estampaban y sacaban el pelo para tapicerías de coche, era esa la actividad de la industria. Manuel estuvo cuatro años, hasta que cerró Sudotex por una reestructuración interna que la llevó a dejar parte de sus fabricaciones (esta fábrica era de tinte y acabado, no tejía). Él seguía en su profesión de siempre, de «perchero». En esos entonces él vivía en Cuesta Salas, que es una bocacalle de la Cruz Blanca.

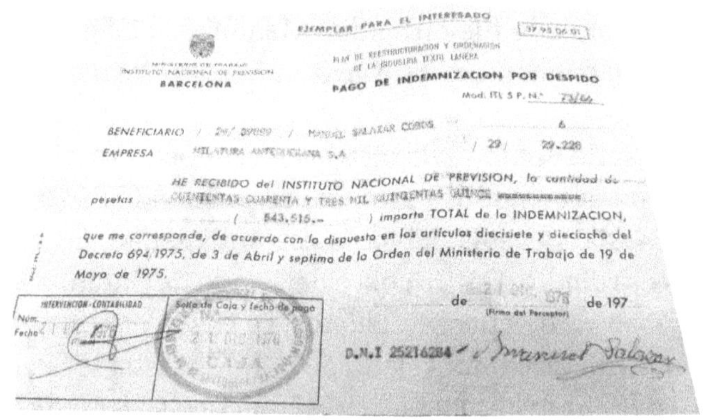

En Sudotex la máquina de perchar era muy buena. Su hijo Manuel estaba con él, pero en los tintes. Se cobraba semanalmente. Las nóminas eran semanales y se cobraba en dinero. Nada de transferencias: en billetes. Siempre ha cobrado así. La desaparición del dinero es un tema reciente. Todo al banco, todo con tarjeta, se acabó el dinero. Y al poco efectivo que hay le queda poco tiempo.

Después de jubilado, Manuel andaba mucho, al menos dos horas diarias callejeando por Antequera. Andaba por todos lados, pero hace ocho o diez años dejó de hacerlo, no podía. Tendría entonces los 85 años. Ha sido un antequerano andarín, recorriendo calles, observando los mejores rincones, respirando la ciudad, siempre con una estupenda memoria y siempre siendo objetivo y positivo.

Tiene Manuel tres hijas y dos hijos, todos los cuales viven actualmente en Antequera y que le han dado nietos, nietas, ocho biznietos y muchas ganas de vivir. Forman una familia muy unida; se les nota a los que he visto de la misma que lo quieren un montón. Todos los domingos va la familia al completo a una parcela que tiene en el campo una de sus hijas. Una de las hijas es viuda desde hace un año.

Tiene Manuel siete nietos: Manuel tiene tres hijos, su hija viuda tiene dos y Antonio y Loli también tienen dos hijos cada uno. Antonio tiene una barbería en la calle Estepa, junto al Banco Bilbao Vizcaya.

La mujer de Antonio falleció en un accidente de coche. Viajaban el matrimonio, las dos niñas y una amiga de las niñas y cayeron por un terraplén llegando a Málaga. Ocurrió en 2005, concretamente el día 26 de diciembre. Todos resultaron heridos, menos ella, que falleció en el acto. Fecha imborrable. Lo comenta con brillo en los ojos y alguna lágrima escondida. No puede reprimirla.

Durante la semana Manuel no sale de su casa y los domingos sus hijos lo llevan a pasar el día en el campo.

3. Aquella foto antigua

Me la entrega Manuel. Es una copia; la tiene debajo del cristal de la mesa camilla. Le tiene mucho cariño a la foto, es una foto histórica. La mira de forma continuada, todos los días.

«La original está en cartón —me comenta— y es de la plantilla de la fábrica de Argüelles. Está hecha en la puerta de la fábrica, en la calle Cantarranas. Si vas por la Bajada del Río, después de la Puerta del Agua, de inmediato a la citarilla había un gran arco de una puerta de entrada, que han derribado por el peligro de caída que tenía. Este arco —me sigue diciendo— era otra entrada a la comentada fábrica de Argüelles». No sé cuándo fue demolido, pero hubiese sido estupendo que se reconstruyese, tomando como referencia las fotos antiguas.

Una descendiente es la señora Lourdes Argüelles, magnífica empresaria y sumamente agradable, con una papelería muy activa, situada actualmente en calle Cantareros, de la que soy cliente fijo.

En la foto está la plantilla. Poniéndonos delante la imagen, el último señor de la derecha (con corbata) y el último de la izquierda (con pajarita) son los patrones. El que hay tendido, con gorra y un codo en el suelo, es Carrégalo, cuya biznieta tiene un estanco en la plaza de Abastos, donde estaba antes el asilo de las Hermanitas de los Pobres. La señora que hay por delante y debajo del señor de la corbata era su abuela materna. Por encima del señor Carrégalo hay dos personas con gorra. Uno es su abuelo y otro, su tío.

No sabe la fecha en la que se hizo esta fotografía. La imagen está muy bien, muy nítida. Como Manuel nació en 1925, suponiendo que sus abuelos tuviesen cincuenta años, hay que imaginar que debe de ser más o menos de 1900. Ya sus abuelos trabajaban en las mantas en Antequera, y quién sabe si generaciones anteriores.

«No sé, no sé», me dice. Manuel es preciso en sus observaciones; si tiene dudas, indica claramente un «no sé». También cuida mucho de que cualquier cosa que escriba pueda molestar a alguien.

«No se preocupe. Antes de publicar nada le daré una fotocopia para que lo vea, me dé el visto bueno y podamos corregir lo que sea erróneo». Pero él no podrá leerlo porque con un ojo no ve nada y con el otro ve muy poco. Sus hijas Carmen, Encarna y Loli se lo han leído.

A esta foto él le tiene mucho cariño porque en aquellos tiempos no se hacían muchas fotos precisamente, era casi un lujo. Cuento un total de 53 personas y también un perro. Entre las mismas hay varios niños (supongo que, seguramente, sus madres se los llevaban al trabajo) y algunas mujeres trabajadoras de la fábrica.

«En aquellos años —me comenta Manuel— los jóvenes eran viejos». Su abuelo, el de la foto, murió con noventa años, lo cual no era muy normal. Se envejecía muy pronto. Era cuando los mayores eran viejos. Eso ya ha desaparecido, por lo general. Ahora los mayores son, simplemente, mayores.

El hacerse una foto era siempre por un acontecimiento muy importante y se guardaban como oro en paño. Eran fotos que requerían un buen rato en el procedimiento para hacerlas («no se muevan, sonrían, cambien de luz...»), no como ahora. Y no eran baratas.

«Es una foto muy bien hecha —me comenta Manuel—. Está muy bien hecha».

Al día siguiente de esta información (hablamos de febrero de 2020) voy al estanco de la plaza de Abastos. Me atiende una muy guapa señorita, que es la biznieta de Carrégalo, el cual aparece en la foto. Ella me comenta que conoce la foto, que su madre tiene una copia. Queda en hablar con su madre y en que si la misma supiese la fecha concreta en la que se hizo me llamaría. Es obvio que la foto no tiene la fecha por detrás. La madre me llamó y me dio la fecha estimada de 1902-1903.

La foto tiene bastante valor porque da una imagen clara de la plantilla de la fábrica de mantas de Argüelles de la época, tanto en sus vestimentas como en el aspecto general de los mismos. Una buena foto para el recuerdo histórico, de la que Manuel ha hecho una fotocopia, que me entrega.

«En el libro —me dice—, José Luis, pon la foto, no lo dejes. Y también una nómina. Pídele a mi hijo Manuel que te dé una. Quiero que la foto sea conocida. Tiene más de un siglo. Da una imagen muy real de aquella época, de aquel entorno».

Las nóminas se hacían a mano, nada de ordenador, y se pagaban en pesetas. Se cobraban de forma personal los sábados, pues se trabajaba los sábados por la mañana. Iban llamando uno a uno, se cobraba y se volvía al puesto de trabajo. Al llegar a casa esperaba la mujer para lo básico de la semana. La paga es fundamental para poder echar la semana próxima; el ahorro, más o menos imposible o tremendamente difícil. Había que comprar lo esencial y gracias a Dios.

Le sugiero a Manuel que cuando vayamos a hacer la presentación del libro, que sabe Dios si la habrá y cuándo será posible, estemos juntos en dicho acto y me comenta:

«No, José Luis. Yo no puedo salir a la calle para nada, no puedes contar conmigo. Yo ya ando con dificultad, no salgo, salvo los domingos, que me llevan mis hijos a echar el día en el campo, en una parcela. Después de comer, al atardecer, me acuesto hasta el día siguiente en la cama con el respaldo en alto, veo lo que puedo de la tele y pienso en el mundo, pienso en la vida, pienso en mis recuerdos».

Le digo también que con su información el libro será un éxito, una maravilla, y sonríe abiertamente. Creo que el libro lo hace un poco feliz. Es la forma de que sus vivencias no se pierdan nunca. Le comento a sus hijas que en la portada tendrá mi nombre y el suyo y dentro, una foto de él. Los ojos de ellas se iluminan y los de él también. Y yo que me alegro mucho.

Tengo el propósito de visitarlo de vez en cuando, que no termine nuestra amistad con la publicación del libro.

4. Reflexiones sobre el patrimonio industrial

Quería expresarme sobre este tema, que lo siento no de ahora, sino desde hace muchos años por haber estado mi trabajo directamente vinculado a la industria. No quiero dejarlo de pasar, haciendo una breve pausa. Ruego disculpas.

No se cuida esta cuestión. Cuando se cierra una fábrica, por quedar obsoleta o por la circunstancia que sea, se venden las máquinas a chatarreros especialistas y generalmente quedan las fábricas demolidas a cota cero, como se le llama, como si allí no hubiese existido nunca una estructura fabril, objeto de trabajo de mucho personal, de inversiones, de tecnología, todo un mundo. No queda absolutamente nada.

El chatarrero compra la instalación para dejar la parcela limpia y expedita y entregar la misma a su propietario. El precio depende; hay veces que incluso tienen que dar dinero al chatarrero para dejar la parcela libre después de la demolición o la compran a precio simbólico. Esto depende, normalmente, porque ofertan por ello varios chatarreros, llevándose la operación el más interesante para la empresa originaria. Esto es una operación normal, ante la que nadie se inmuta, ni la Administración ni la empresa. Lo he vivido en más de una ocasión.

Yo he sentido en estas operaciones, donde no podía hacer nada, frustración y pena. No se ha apreciado el valor histórico de una estructura industrial y su aprovechamiento para otros fines, tales como habilitarla como museo o adaptar la misma a otros usos sin perder su sabor original. Solo se ha pensado en hacer naves, en su caso, y venderlas para otros usos.

Ya en los últimos años tímidamente se ve algún movimiento en este sentido, pero son excepciones. El mantenimiento de las industrias cerradas, sin duda, forma parte importante de nuestro acervo cultural y de nuestro patrimonio. Es nuestra historia.

Previamente a la venta al chatarrero, la empresa propietaria ha aprovechado los materiales que han podido ser de interés, enviando los mismos a otras fábricas o vendiendo, porque el cierre y dejar la parcela limpia estimo que, salvo alguna excepción, siempre le es muy gravoso al empresario por los costes de despido del personal (lo cual siempre es triste y lamentable para todos); la liquidación de las existencias de *stock*, generalmente a precios más bajos que las ventas normales; pagos a proveedores... Sin embargo, a los clientes siempre les quedan deudas por saldar, por lo que es mal negocio para el empresario cerrar una fábrica en todos los sentidos, aun con la venta de los terrenos.

El trabajo del chatarrero es aprovechar todo lo posible lo que la fábrica tenga, son expertos en ello. Las máquinas que son útiles las venden a empresas de venta de maquinaria de segunda mano y otras las dejan para chatarra pura. Los adoquines, por ejemplo, los venden a empresas constructoras, así como las maderas de la techumbre, las ventanas... En fin, todo lo van vendiendo a especialistas en cada materia.

Finalmente, queda el edificio despojado de todo lo que tiene algún valor y entonces el chatarrero contrata el derribo y pacta la retirada de materiales con otra empresa, pagando él. Hay veces que incluso un chatarrero, después de retirado material, vende lo que le queda a otro chatarrero. Al final queda la parcela lisa y llana, sin nada, desolada, el suelo plano.

En S. A. Cros, en San Juan de Aznalfarache (Sevilla), había una antigua planta de superfosfato en polvo, que fue construida por alemanes, según contaban, y era de finales del siglo XIX. Lo cuento porque ha sido vivencia mía, la he vivido en mis carnes, como se dice.

La fábrica se cerró y solo había un servicio de vigilancia. Total, que yo puse mi cuartel general de abonos líquidos de la empresa en la misma, toda para mí. Conmigo había diez o doce personas en aquellas instalaciones, que en su tiempo, en su época de más esplendor, llegaron a contar con al menos trescientas personas.

El cambio lo hice porque hasta entonces estaba en Los Merinales (Dos Hermanas, Sevilla). En las instalaciones anteriores estábamos un poco estrechos y opté por trasladar la dirección de la división de líquidos y productos especiales de S A. Cros a la fábrica mencionada.

La fábrica cerrada era una maravilla, no tecnológica, sino por su belleza histórica. Ya prácticamente había desaparecido el mercado del producto que fabricaba. Tenía un gran comedor con muchas mesas de cerámica y un enorme laboratorio con un arsenal de cacharros de cristal, ya sin posible uso. Hoy los modernos laboratorios son muy diferentes a los de antes. Tenía también una residencia para las visitas que venían desde la central de la empresa, en Barcelona, aunque permanecía cerrada desde muchos años atrás y estaba toda llena de polvo. No poco, sino medio metro de polvo. Contaba también con sus muebles, más que antiguos, que yo me había encargado de que se limpiasen y allí puse un museo casero con cacharros antiguos de la fábrica. Yo solo tengo de ella un botijo de madera que usaban los empleados, que siempre procuré que no se rompiese, y algún pequeño letrero.

Había también un economato con diez o quince artículos que se vendían a precio bajo y cuyo importe en su momento se detraía de la nómina. Los precios de los productos estaban escritos en una enorme pizarra.

Contaba asimismo la fábrica con botiquín, talleres muy grandes con máquinas y herramientas antiguas, su puerto fluvial para descarga de barcos (no utilizable desde hacía muchos años), suelo de adoquines y cerchas de naves de madera antigua. Una maravilla histórica.

Estuve unos años allí, hasta que la empresa decidió dejarla a cota cero, convertirla en un descampado y vender los buenos terrenos. Por ello, puse el cuartel general en otra fábrica, tremenda y abierta, como era San Jerónimo, que finalmente también fue demolida, pero ya no estaba yo en la empresa. Me había ido a otra, con lo cual me evité el sufrimiento.

La de San Juan fue vendida y derribada, hoy hay en su lugar naves elegantes. Solo ha quedado una de las casas antiguas, de las varias que había para directivos, con una arquitectura decimonónica, que pasó al Ayuntamiento y que supongo que es uno de los edificios muy destacables de dicha localidad. No hace mucho estaba en Sevilla y fui a verla. Había en la casa la última vez que la vi una guardería. La casa tiene aspecto alemán, no se parece a las andaluzas.

San Jerónimo, que era una planta más moderna, también fue cerrada y hoy hay siete u ocho torres de oficinas. Es muy bonita la zona, pero las oficinas en buen porcentaje están vacías. Demasiadas oficinas, ampliamente superan las mil. El complejo se terminó cuando vino la crisis de 2008, coincidió la terminación de las oficinas con el inicio de la crisis.

Digo ello porque en San Juan yo sufrí cuando vi que se echaba abajo. Las maderas fuertes y gruesas de los techos de las naves fueron destinadas a la decoración de chalés en Palma de Mallorca, según me comentaron. Los adoquines, igualmente, se aprovecharon para urbanizaciones y muchos hierros se utilizaron para fundición. Para decoración se reutilizó mucho.

Las fábricas se cierran, se derriban y desaparecen porque no hay la cultura de mantener el patrimonio industrial. Obviamente, también es muy costoso y lógicamente no podría afrontarlo el empresario. Su tema es procurar que su negocio siga funcionando, que ya es bastante, lo cual tiene mérito. Los empresarios tienen mérito en ir superando la carrera de obstáculos que supone, por lo general, tener una empresa. Siempre las mismas son de resultado futuro incierto. Tenemos, en muchos casos, una opinión del empresariado que nada tiene que ver con la realidad.

Sueño con que Antequera tuviese ahora alguna de sus antiguas industrias habilitada como museo, como un molino de harina árabe en la ribera de Río o una fábrica de mantas. Pienso que tendría rentabilidad por el atractivo turístico que ello comporta en un lugar tan cercano a la poderosa Costa del Sol y a su ingente número de visitantes. Me refiero a una fábrica antigua. Esto no es solo turismo, es cultura para todos. La historia es muy importante.

Hablando no ya de industrias, sino de comercios, recuerdo, por ejemplo, la antigua tienda de Jacinto (no la nueva, me refiero a la que estaba en la esquina de Merecillas con calle Laguna), cuyo mobiliario de madera no sé cuántos años tendría, pero quizá fuese también de finales del siglo XIX. Me viene también a la memoria alguna farmacia de esa época, porque ya en la actualidad no las hay. Seguramente, todo acabó perdido y sin valor, cuando sin duda este patrimonio tiene una importancia histórica reseñable de cara a su exposición museística, que deberían asumir las instituciones públicas, o bien museos privados apoyados por la Administración. Nunca más tendremos esas joyas.

En un viaje que hice a Cuba disfruté en el sentido de que, por ejemplo, una farmacia con muchos años se mantiene tal como estaba y es un establecimiento abierto, pero a la vez entra dentro del circuito turístico, así como algunos bares antiguos. En otro viaje, en este caso a China, la ruta en Pekín incluía una parte que consistía en realizar una visita a casas rurales muy antiguas, que las mantienen como museos en la ruta turística (vamos a llamarlos museos privados), en los sitios indicados.

Una iniciativa encomiable es la decoración de la Venta Restaurante Molino Blanco, por el cúmulo impresionante de enseres antiguos que expone. Me quedo fascinado con la contemplación de esta obra gigantesca del señor Antonio Carmona. Otro ejemplo es la Casería Restaurante San Benito (que, posiblemente, por el hecho de haberse desviado el tráfico con la construcción de la autopista a Córdoba se habrá visto muy afectada en su funcionamiento), que tiene un museo impresionante, digno de ser visitado.

Sí se ha invertido, aunque no todo lo necesario, en el patrimonio religioso, pero en cuanto al patrimonio industrial la sensación que tengo es que en buena medida se le ha dado de lado por considerarlo sin valor patrimonial. Quizá en las instituciones públicas debería haber algunas personas de edad mayor que aporten su experiencia para la conservación del patrimonio industrial y comercial en lo posible. Es muy importante pensar en las generaciones venideras y darles un legado cultural importante.

No tenemos aún conciencia muy agudizada de ello o quizá los tiempos no lo hayan permitido, pero sí que merece la pena que no solo se conserven iglesias, esculturas y pinturas, por ejemplo (y no lo suficiente), sino que haga lo mismo con máquinas, procesos industriales, cosas y recuerdos de nuestros antepasados, no solo palacios. Algo se ha hecho, pero a todas notas es insuficiente. Falta en Antequera un museo de artes y costumbres populares. Necesitamos, en lo posible, resaltar más la ciudad por su valor patrimonial.

Un amigo de Madrid me pone un *e-mail*: «He estado en Antequera de turismo, pero pensaba que seguías en

Granada. Qué pena. Por ello no te he llamado». Se llama Antonio Espadas y ha venido a ver Antequera, a conocer la ciudad, pernoctando con su familia, lo cual me alegra. Está bien que todos los españoles vengan a ver Antequera; deben verla porque es una ciudad única. Es el poder magnético de Antequera, que atrae con una fuerza que existe, pero que no sabemos de dónde procede. Quizá sea porque la plaza de San Sebastián es la plaza central de Andalucía. Antequera tiene muchos encantos.

De nuestras fábricas de mantas casi no queda nada en cuanto a maquinaria y enseres, salvo algunas cosas en la exposición textil qué gracias a Dios tenemos. Idea acertadísima y su ejecución. Los telares, batanes, perchas y demás maquinaria se liquidaron como chatarra al cerrarse las fábricas y la madera, posiblemente, se utilizó para calentar lumbres o hacer algunos muebles. Quién sabe.

El Museo Textil creo que fue iniciativa de nuestro buen alcalde (un alcalde artista) don Jesús Romero Benítez, amante del patrimonio en alto grado. Los antequeranos hemos tenido la suerte de tener muy buenos alcaldes, con independencia de los partidos políticos. Todos han venido luchando en alto grado por mejorar Antequera con todos los medios disponibles. Durante mi vida no recuerdo, al menos yo, a ningún mal alcalde. Todos, sin excepción, han venido luchando fuertemente por ella, lo cual no es poca alegría. Errores cometidos a la vista de hoy eran consecuencia de la falta de normativas de antes, en fin, de otros tiempos. He visto muchas ciudades en España y algunas han desaparecido y han sido sustituidas por bloques infames de pisos.

Es bueno y necesario que nuestros hijos y nietos conozcan bien de dónde venimos; además de ser un atractivo turístico, para que el tiempo no lo disuelva y quede un vivo recuerdo. Aunque hay muchos que no quieren saber nada del pasado, solo del presente y del futuro.

Pero el futuro no lo sabemos. Anteayer me enteré de que falleció un enorme amigo mío de toda la vida, Salvador Medina Portillo (8-3-2020). Vivía y era de Alcalá de Guadaira. Con 74 años, estaba rebosante de salud, pero se puso malo, lo ingresaron, lo operaron y en pocas horas falleció. Todo el proceso desde su ingreso a su fallecimiento transcurrió en veinticuatro horas, por lo que no somos nada, no sabemos nada del futuro. Y menos ahora, con todo el mundo agazapado con el coronavirus, aunque el nombre COVID-19 es más tecnológico. El futuro no lo sabemos; el pasado conviene estudiarlo, se aprende mucho del mismo; el presente es una consecuencia del pasado, siempre. El futuro es consecuencia de lo que diseñemos para él en el presente.

Tenemos los antequeranos suerte con la ribera del Río, que quizá no la apreciemos porque vivimos detrás del monte que nos separa. Tenemos suerte porque se conservan en buena medida las edificaciones del pasado.

La ruta de senderismo o en coche requiere carteles en cada edificación con su explicación, con información para que el visitante pueda enterarse de lo que está viendo. Los tiene, pero sería necesario remozar los mismos y poner más y de materiales perennes. La zona de la ribera hay que ponerla en valor. Es un sitio que es fresco, con agua, con su río y sus «caos», su frescor, un lugar para dar paseos de descanso, un pequeño paraíso. Hay que poner en uso, con su agua, el canal lateral, el «cao», cuya agua hacía mover las ruedas (norias de los molinos).

Una división lógica de la zona fabril de la ribera es en cuatro tramos perfectamente definidos:

- Desde el nacimiento del río a la Venta El Conejo.
- De la Venta El Conejo al Henchidero.
- Del Henchidero a la plaza del Carmen.
- De la plaza del Carmen al puente de los Remedios.

La distancia total calculo que no superaría los cinco kilómetros.

Aparte tenemos el antiguo molino, que está situado al pie de la Peña de los Enamorados, por donde discurre el Guadal-horce, pero ello es ya otra historia.

En este tramo del río de la Villa, desde su nacimiento al puente de los Remedios, hay bastante desnivel y en sus márgenes hemos tenido, o bien tenemos, muchas actividades: granjas de vacas, de ovejas, de cabras o de gallinas, molinos de harina, fábricas de mantas, curtidurías o tenerías. Incluso en mi infancia había una piscina para mujeres y en otra parte estaba la piscina de Jerónimo, que era solo para hombres. Faltan casas rurales de alojamiento por aquella zona. Hay ventas donde se come bien, ha habido marmoleras, fábrica de papel de estraza, hay escuela de hostelería, museo textil, sala para bodas, lugar de recreo con amplias zonas verdes como la del nacimiento del río, huertos, hubo matadero hace sesenta años... En definitiva, mucha actividad. Hoy, por lo que se vislumbra, se utilizará como zona de expansión, como zona de recreo poco a poco. Sería conveniente, como complemento a este uso, que el río artificial paralelo, el cao, se pusiese en marcha y, si fuese factible, incluirlo en rutas turísticas.

No quería dejar la ocasión en este libro de reivindicar el mantenimiento de nuestro pasado y nuestra actualidad para el disfrute de los antequeranos y visitantes en los siglos venideros.

5. El río de la Villa

Unas de las dudas que he tenido en este tiempo dedicado al libro que tenéis en vuestras manos es si corría agua todo el año por el río de la Villa para tener la industria lanera en funcionamiento los doce meses. Respecto a esta cuestión, o no le he preguntado correctamente a Manuel o no me he enterado, pues tenía dudas y no me aclaraba.

Manuel me dice que había agua todo el año; sin embargo, leo y releo que la industria de las mantas estaba muy afectada por la temporalidad y que solo se trabajaba seis o siete meses al año, dependiendo del año, de la climatología. Aquí, pues, tenía esta duda. Lo que me indica Manuel es lo contrario a lo que figura escrito en todos lados como tema negativo y que afectaba mucho a la producción lanera: la estacionalidad.

«Mira, José Luis —me comenta Manuel—, nunca ha faltado agua para la fabricación de mantas, en ninguna época del año. Durante todos los años que yo he trabajado, que han sido muchos, se paraba precisamente en invierno, pues en esa fecha no se vendían mantas. Los clientes se aprovisionaban de ellas con anterioridad debido a la lentitud de los transportes y comunicaciones. Lo de que se cesase la industria por falta de agua la mitad del año lo dicen personas que han tenido una incorrecta información».

Además, en aquellos tiempos el servicio de agua a Antequera era muy deficiente, no había buenas instalaciones. Y si nos vamos mucho más atrás, no había ninguna instalación y pasaba el agua por el lado. En Antequera se consumía de pozo, después de fuentes públicas. Posteriormente, los cortes de agua eran continuos por no haber depósitos almacén de volumen importante y en alto. El depósito del Cerro de la Cruz, hoy clausurado, no estaba demasiado alto. Se me comenta que, interiormente, este depósito es una maravilla arquitectónica, con muchos arcos, puerta de acceso y ventana, por lo que podría ser utilizado para otros fines. Hoy su acceso es más fácil, por la carretera nueva que va directa desde la urbanización La Quinta.

Era normal en las casas tener un depósito almacén para agua en el tejado, que se llenaba de forma automática cuando había agua, con lo cual, en parte, se evitaba el corte de suministro. En calle Merecillas, 28 todavía tenemos un depósito a estos efectos en el tejado, que ya no hace falta. También había una entrada directa. Primero se abría la entrada directa y si la misma no tenía agua ya sabías que solo te quedaba el depósito de reserva y que había que andar con cuidado y no gastar para no quedarte sin ninguna agua.

En calle Merecillas, 28 había un pozo compartido con el número 30, mitad del pozo en una casa y mitad en la otra. Al ser posteriormente ambas casas de mi padre optó por cegar el pozo, llenándolo de escombros. Le daba miedo que alguien, aunque estuviese tapado, algún día lo abriese para obra de albañilería y se pudiese caer. Yo me acuerdo, cuando era niño, de extraer agua del pozo mediante una bomba manual, operación que no era nada fácil. Había que cargar la misma y el tubo buzo, cosa nada sencilla por no cerrar bien la válvula de bola del fondo del tubo debido a que, con las algas, no hacía un cierre hermético. Eran unos años, en la posguerra, en los que los pozos se utilizaban mucho. «Se ha tirado al pozo» era una frase que frecuentemente se utilizaba para referirse a algunos de los que habían optado por suicidarse. Lo veo como una muerte horrenda; supongo que no morirían ahogados, sino del porrazo.

También es habitual leer que había enfrentamientos entre agricultores y la industria de las mantas porque el agua que se consumía en las fábricas bajaba mucho lo disponible para los agricultores. Esto está claro que no tiene sentido por lo que reseño a continuación.

El río nace en la falda de la sierra del Torcal, a unos cinco kilómetros de Antequera, a la derecha de la carretera a Villanueva de la Concepción y a no más de quinientos metros de esta, con entrada debidamente señalizada. Es un lugar digno de ser visitado por su belleza, ver cómo el agua sale tumultuosa, limpia y con fuerza, con su murmullo y su sonido relajante. Es obligado olvidarse del mundo y estar allí un buen rato. Ver el nacimiento de agua hace recordar que el agua es vida, que el nacimiento de la Villa es el nacer la vida en el corazón de Andalucía. La altura media de la sierra del Torcal es de mil metros con respecto al nivel del mar.

Vamos a ver, realmente las ruedas (es decir, las norias) no consumen agua. El río nace a 650 metros de altitud y en el tramo comprendido entre su nacimiento y el puente de los Remedios (a pocos metros del Arco de la Puerta de Granada) estimo una diferencia de nivel de al menos 250 metros. En ese tramo hay un desnivel considerable y es donde estaban ubicadas todas las fábricas (salvo el molino de la Peña de los Enamorados) y donde se aprovechaba la misma energéticamente. No hay consumo de agua, en definitiva, en la industria que comentamos. Solo se aprovecha la caída para producir energía y para uso de otros servicios, tales como el lavado de la lana, por ejemplo, pero retorna a la Madrevieja, como se llama localmente al río de la Villa. Así que la leyenda del consumo alto de agua en las fábricas no es así.

No sé desde cuando al río de la Villa se le llama localmente Madrevieja. Este nombre es el que tenía un arroyo, el de San Sebastián, que partiendo de esta llegaba a la calle del Gato, atravesaba el huerto del convento de la Encarnación, corría un pequeño tramo de calle los Tintes, continuaba por calle Barrero, atravesaba la Calzada, corría por la calle del Obispo, atravesaba la calle Carrera y pasaba por el callejón de los Urbina, para terminar atravesando calle Fresca y continuar unos metros hasta desembocar en el río de la Villa. Este arroyo, molesto por sus malos olores y que para pasar por el mismo en calle Calzada había un puente y en la calle Carrera otro, se fue embovedando poco a poco a lo largo de los años hasta cubrirse totalmente. Hoy ya no desemboca en el río de la Villa, sino que estas aguas negras van entubadas a la depuradora y de allí se utilizan para riego de cultivos, debidamente acondicionadas.

Sea como sea, al río de la Villa se le conoce por muchos como Madrevieja impropiamente.

Otra cosa es en la actualidad el hecho de que el consumo de agua por habitante se ha disparado y el número de habitantes también, a la vez que hay un consumo destacable en los polígonos industriales. Esto, junto con el hecho de tener una red hidráulica de calidad, hace que se hayan instalado más tanques de almacenamiento de agua y situados a más altura para que no haya cortes de la misma y garantizar un servicio contínuo.

En el cerro de San Cristóbal hay un depósito de agua regulador, otro junto a la Carretera del Valle de Abdalajís y también en el polígono industrial o cerca del mismo, con lo que el suministro está asegurado. Ya no hay cortes en ningún momento, como era habitual hace años.

Como consecuencia del aumento del consumo, hay perforaciones en el mismo nacimiento del río y se extrae el agua con motobombas para que haya un suministro asegurado. Esta extracción canalizada desde su nacimiento implica, obviamente, que el caudal del río sea escaso en relación con el pasado.

El 15 de febrero de 2020, sábado, tenía prevista una visita a las instalaciones de la empresa pública Aguas del Torcal, en la cual un técnico de esta acompañaba a una excursión organizada por el Club de Leones. Se trataba de una explicación del funcionamiento del nacimiento de la Villa y de la infraestructura de agua de la ciudad, subiendo, entre otros sitios, a ver el depósito regulador situado arriba del cerro de San Cristóbal.

Muy lamentablemente, una llamada de mi queridísima hermana Mely me informaba de que nuestro hermano Antonio estaba gravísimo en el Hospital de Antequera. Ese día, por consiguiente, estuve todo el día en el hospital. Tristemente, falleció ese mismo día, cerca de las doce de la noche. Lo echo muchísimo de menos. Era el jefe de los hermanos y había soñado mucho que, con mi regreso a Antequera, podría tener charlas largas filosóficas con él; lamentablemente, no ha sido posible. Llevaba enfermo varios años. Se me fue mi querido hermano Antonio.

Mi hermano Antonio siempre me ha alentado a escribir y este era su argumento: «Pepe, tus escritos no son normales, porque no son solo escritos. Son sentimientos tus escritos, Pepe, tienen humanidad y ello es muy bueno en el mundo de hoy. No cambies el estilo, estamos en un mundo muy materializado y los humanos necesitamos sentimientos humanos». Sin duda, amor de hermano; otras personas pocas no han sido tan halagadoras ni mucho menos en mi vida, pero me da lo mismo. Yo escribo porque me gusta; después el hecho de que lo que escribo guste o no ya es otra historia. De todas formas, estoy recibiendo, mayoritaria y abrumadoramente, muchos apoyos y mucho respaldo. Creo que si a alguien no le gusta debe de ser un problema del lector y ruego que no se moleste.

Sus hijos, su esposa, María José, mi hermana Mely y Mari Tere sé bien que tenemos el corazón roto. En fin, la vida es así. Cuánto me hubiese gustado que leyese esto y sus comentarios siempre sabrosos.

Posterior y fatalmente, durante 2020, en la revisión que hago del libro después de escribir lo indicado, falleció también mi querido hermano Juan Carlos. Todo un drama que me deja, en buena medida, desamparado o con una soledad que me parece que vivo en otro mundo. Estas pérdidas para sus compañeras de vida e hijos son terribles, pero para sus hermanos también.

Ya todo es diferente en este fatídico 2020. Nos falta mucho, no somos los mismos. Es mucho lo perdido, nos faltan ellos.

Pues bien, ya por fin me queda bien aclarado: agua del nacimiento de la Villa no ha faltado para la industria para poder trabajar todo el año, al menos en lo que se refiere a Antequera. Lo que ocurría era que la industria paraba, ojo, precisamente en los meses de agua en el invierno, pero por la razón de que en invierno no se venden mantas. Las mantas se venden o se vendían en el verano; el comercio y los particulares se proveían de ellas con antelación. En definitiva, los fabricantes no tenían ventas en el invierno y se veían abocados a parar las fábricas no por su gusto, sino por falta de mercado. Esto era un problema para los trabajadores, que se quedaban sin trabajo y no cobraban, salvo los muy pocos que quedaban en las fábricas para su mantenimiento. La mayoría de los trabajadores buscaban en esos meses trabajo donde podían. No tenían ingresos esos meses, no había cobro de paro. Entonces iban a realizar trabajos del campo, generalmente, a coger aceitunas. En esos tiempos los transportes eran lentos y malos, las comunicaciones eran muy difíciles.

En los meses de trabajo en las fábricas de mantas de lana el trabajo era día y noche, el proceso de fabricación no permitía trabajar solo de día. Eso sí, se paraba el fin de semana. Sin embargo, ya cuando se empezó a trabajar con las mantas de fibra en lugar de lana de noche no se trabajaba, sino de ocho de la mañana a cinco de la tarde; por el contrario, con la lana no se podía interrumpir el proceso diariamente por la complejidad del mismo y estaba estudiado para los paros de fin de semana, todo en turnos de doce horas, como veremos más adelante.

En la época, a las fábricas se les llamaba «máquina». Por ejemplo, en lugar de la fábrica de Íñiguez era la máquina de Íñiguez.

El río surge de las profundidades de la sierra del Torcal. Su nacimiento ha sido convertido en tierra de ocio y de *camping* y el resto sirve de referencia para conocer la ubicación de fábricas y molinos. El río es el drenaje natural y lento de la sierra del Torcal.

La sierra del Torcal, hoy parte del patrimonio mundial de Antequera, tiene una extensión de 1.171 hectáreas y, aparte de su singularidad y belleza, actúa como un embalse natural de amplias dimensiones y por debajo del nivel del suelo. Aunque la superficie total de la sierra es del orden de 35 kilómetros cuadrados, es decir, 3.500 hectáreas. Si fuese un cuadrado, tendría seis kilómetros de lado.

Procede el Torcal del fondo marino que unía hace miles de años el Mediterráneo con el Atlántico, pero que por movimiento de las masas continentales se plegó y elevó. Curiosamente, la elevación fue de forma horizontal. La roca caliza es de formación de fondo marino, por sedimentación sobre suelo impermeable. El agua de lluvia profundiza entre 150 y doscientos metros y quedan debajo de la sierra del Torcal unas reservas muy apreciables sobre un suelo de tierra impermeable. Es un almacenamiento de agua de gran capacidad, como si fuese una presa natural, un embalse subterráneo, y la naturaleza por filtración la va soltando poco a poco en el nacimiento del río de la Villa. Por todo ello, es una verdadera maravilla. Las formas caprichosas de las rocas son consecuencia del agua de lluvia, que arrastra anhídrido carbónico (es decir, CO_2), que forma un agua ácida que va disolviendo el carbonato cálcico.

El Torcal fue sobreexplotado en el siglo XIX, en buena parte desolado por la tala de las encinas para el carboneo, una caza muy indiscriminada y una excesiva explotación ganadera, pero de esto ya hace muchos años. Hoy cada vez hay más especies vegetales (casi setecientas diferentes, algunas raras) y aproximadamente 120 especies animales. El paraje fue comprado casi en su totalidad por la Junta de Andalucía.

La presencia del hombre en el Torcal se remonta a la prehistoria, a los primeros habitantes de Antequera. En las visitas no se deben cortar flores ni recolectar nada que rompa aquello que se está reconstruyendo. Fue declarado Zona Especial para la Protección de las Aves (ZEPA) y está declarado como Parque Natural. La totalidad de su extensión está en el término municipal de Antequera. Los paisajes con formas caprichosas de las rocas lo hacen único. El eje que conforman el Torcal, los dólmenes y la Peña de los Enamorados fue declarado Patrimonio de la Humanidad recientemente.

Ahora ya la piedra roja del Torcal no se puede extraer para la construcción, ni siquiera para monumentos. En estos casos debería estar permitido y no tener que estar buscando por ahí, lejos, piedra que de alguna manera se parezca a la del Torcal para algunos temas de monumentos. La Sierra del Torcal es una joya. Llegará un día en que se pueda visitar a lo mejor con un teleférico en alguna zona. Sus paisajes son de impresión, pero andando es otra cuestión.

De lado descarga el acuífero en el nacimiento 13,5 hectómetros cúbicos anuales, es decir, 13,5 millones de metros cúbicos. Y cada metro cúbico son mil litros. Serían, pues, 13.500 millones de litros de agua al año, lo que significa un caudal medio de 425 litros por segundo y un máximo de casi 2.000 litros por segundo.

El origen de Antequera, la causa y la razón, es el nacimiento del río de la Villa. El agua significa vida. Es muy agradable visitar el mismo y ver la gran cantidad de agua que fluye y con tranquilidad escuchar el murmullo, el sonido transparente que hace al bajar la misma por unos pequeños escalones. Nunca en un río podemos poner la mano sobre la misma agua, nunca pasará por el mismo puente la misma agua. Tampoco los momentos con la familia se repiten dos veces aunque creamos que sí. Cada vez que vayamos y contemplemos la salida de agua del nacimiento del río de la Villa no pensemos que ya lo hemos visto antes. El agua es otra, es nueva. Esa agua no ha nacido antes por ese nacimiento; esa agua irá lejos, irá al mar, parte de ella se evaporará y caerá en cualquier parte del mundo. Otra parte quedará para regar los campos y, por supuesto, para beber personas y animales. Pero que vuelva a caer en el Torcal es más que complicado, y solo sería alguna gota.

El borboteo del agua, el eco del agua, el espejo del agua, el murmullo, el rumor del agua, el siseo, el runrún, el cuchicheo, el parloteo del agua... Y donde hay agua hay aves y hay humanos, niños con sus madres y padres viendo por primera vez el nacimiento del agua, el goteo del agua, el estruendo y la calma del agua, la quietud de la noche. No para el sonido del agua. En el nacimiento de la Villa, el murmullo del agua lleva muchos siglos oyéndose, muchos siglos emanando agua a los pies del Torcal, día y noche, noche y día, sin parar, incluso fines de semana. Sonido eterno, sonido que aplaca los sobresaltos. En definitiva, sonido que relaja.

Junto al nacimiento hay un viejísimo árbol, un árbol de muchos años, ya muy vetusto y solo con alguna rama verde, pero que se resiste a morir. Tiene a sus pies, en una parte de sus raíces, el agua vivificante. El árbol está muy viejo, viejísimo, pero no quiere separarse de este privilegiado lugar y le aparecen ramas sueltas, débiles pero verdes, que lo mantienen con vida.

El agua hizo que desde muchísimos años atrás hubiese asentamientos humanos junto al río cristalino, río que da agua para los seres vivos, para los vegetales, para la industria, para la energía. El agua que todo lo puede. Lo más básico para el hombre: el agua.

Sí, el agua es lo más básico. Un enorme porcentaje del peso de los vegetales lo constituyen los componentes del agua, hidrógeno y oxígeno; un alto componente de los animales, mundo en el que estamos nosotros (del género *sapiens*, eso sí) también es lo mismo: hidrógeno y oxígeno.

Es una enorme riqueza la que tiene Antequera con su Torcal. Su agua, a la salida del nacimiento, es considerada desde 1999 como mineral por resolución de la Junta de Andalucía de 26 de enero ese mismo año.

El río de la Villa desemboca en el Guadalhorce, es un afluente del mismo. Nace el Guadalhorce en la sierra de las Alazores, en Villanueva del Trabuco. Tiene un curso de 166 kilómetros hasta desembocar en Málaga y en su transcurso se formó el desfiladero de los Gaitanes, donde está el célebre Caminito del Rey, que, según la leyenda, lo hizo Hércules pegando un manotazo con su mano de canto para partir la montaña, dejando paredes verticales. La desembocadura en Málaga está en dos brazos, uno de los cuales es artificial para evitar las continuas inundaciones.

El Guadalhorce es el río principal de la provincia de Málaga y de la Cuenca Hidrográfica del Sur (distinta a la del Guadalquivir). A su paso por el término de Antequera, desemboca en él, como ya se ha comentado, el río de la Villa.

En mis reuniones con Manuel había cosas que no entendía y pensaba que probablemente era porque por su edad podría haber algunos temas que no los expresara bien, o bien que por mi edad, también alta, yo no los entendiera. Pues ni una cosa ni otra: han hecho falta tiempo y preguntas. Claro, él me explica cosas de las que no tengo ni idea y mientras me informo y me documento no entro en su propio diálogo, cosa que con el tiempo he aprendido a conocer perfectamente.

Es de señalar, hablando del río de la Villa, que a las norias, como ya se ha apuntado, se les llama «ruedas». Es el argot que se utilizaba, pero yo al principio no lo entendía. Ejemplo: «La máquina de Íñiguez tiene rueda». Él emplea los términos propios de los profesionales de la época. En el caso de este ejemplo, lo que quiere decir es que la fábrica de Íñiguez tiene noria de cangilones.

Con el río me hacía un poco de lío hasta que he llegado a entenderlo y ya por fin me ha quedado claro. Ocurre que el río, poco después de su nacimiento, tiene una desviación hecha por el hombre y que vuelve al cauce, a la que se le llama «cao». Esta discurre, según se baja en sentido de la corriente de agua, unas veces por la derecha y otras por la izquierda al río natural, al que se le llama también Madrevieja. En el río no hay norias de cangilones, sino que las norias eran accionadas por el agua que corría por el «cao». El lecho del «cao» era de tierra, a veces de hormigón, y está a la salida del nacimiento. Después de que el río pasa por debajo de la carretera, nace el «cao» a la derecha, llegando a la fábrica de Moreno, donde desemboca en la Madrevieja para volver a nacer y seguir igualmente por la margen derecha, llegando hasta el Henchidero, donde desemboca en el río de la Villa. Me comenta Manuel que recibe las aguas de lluvia de la sierra o cerro a cuyo pie está y que por ello entraba tierra en el mismo, que a los fabricantes les tocaba limpiar del lecho del «cao» en cada tramo.

A partir del Henchidero, el «cao» va por la izquierda y se llama en ese tramo río Rosal. La fábrica Laz tiene su propio «cao» y el Molino Dorado también. Después de este nace otro «cao». En definitiva, va por la izquierda de la corriente hasta el puente de los Remedios, donde termina todo. Hoy abandonados, sería estupendo tenerlos útiles como turismo, con su agua, como en la Antequera de antes. Ello, evidentemente, es remoto, pues hay otras necesidades. A lo mejor más tarde es imposible.

Leyendo libros muy diversos he dado con que el nombre de «cao» viene de la palabra árabe «cauz», que significa lo mismo que acequia. Este segundo nombre ha sido el que con los años se ha impuesto, menos en esa parte antigua, cuyo nombre derivó a «cao».

No sé si me explico de forma clara. Vamos a ver, lo que quiero decir es que junto al río se ha construido desde muchos siglos atrás un río o cauce artificial por donde se deriva parte del agua a un nivel más alto. A lo largo de este río artificial, canal o «cao» hay salidas que mueven las ruedas de los molinos. El agua vuelve al río de la Villa una vez completada su función y después de pasar el río artificial por varias fábricas, al estar situadas estas a distinta altitud sobre el nivel del mar. Compuertas de madera hacen que la corriente se desvíe a las fábricas, conducida por un canalón, desde cuyo extremo libre el agua cae sobre la tangente lateral de la noria, llenando sus cangilones y haciéndole dar la vuelta. Entonces el agua de la noria vuelve al río, así como el agua excedente que no llega a entrar en la noria. El agua de la noria se regula mediante una tajadera. Si queremos que la noria dé más vueltas, permitimos que entre más agua para su accionamiento.

Como se ha apuntado, en el tramo del Henchidero al puente de los Remedios la desviación del río va a la izquierda de la Madrevieja. Actualmente, debido a que es un trayecto de cierto paso humano (no de vehículos, que no caben), este lecho está perfectamente hormigonado. Es lo que conocemos como río Rosal.

El «cao» específico que hay para la fábrica del puente de los Remedios pasa por varias huertas y en este tramo sí que los hortelanos abrían las compuertas para regar y a veces, si se utilizaba mucha agua, la fábrica de los Remedios se veía afectada por el caudal insuficiente y tenían que ir los operarios a cerrar un poco las compuertas. Era el único sitio donde había de vez en cuando alguna anormalidad o competencia entre el agua industrial y la de riego, en parte de la zona de la Moraleda (que se llama así porque en época árabe había moreras para la cría del gusano de seda).

Este sistema de ríos artificiales para sobre ellos poner las norias y que el agua sea devuelta a la arteria principal o Madrevieja es histórico. Como Antequera fue conquistada en 1410 y los árabes llegaron poco después del año 700, no es impensable que hiciera la friolera de mil años. En aquellos tiempos y con los poquísimos medios existentes, constituía un trabajo de ingeniería de primer nivel. Hacer que el «cao» estuviese de nuevo con corriente de agua sería estupendo para la recuperación del paraje como zona de descanso y turística.

Cuando no había electricidad el río permitía tener el agua para mover la industria, además del agua que para la fabricación de mantas de lana se necesitaba en algunas de sus fases. Cuando había electricidad, esta se utilizaba solo para la iluminación, para mover los telares y las centrífugas. Cuando los telares automáticos y las centrífugas se inventaron ya se había inventado la electricidad.

Los requisitos ambientales actuales no hubiesen permitido hoy la supervivencia de las fábricas de mantas de lana, en el caso de que hubiesen tenido un mercado, por su acción contaminante en el lavado de la lana y la aportación de sosa para el abatanado y el tintado, ello aparte de que las mantas de lana dejaron de utilizarse por las razones que veremos más adelante.

El estar en la ribera era porque el agua generaba la energía. El agua hacía mover la noria y dicha noria era la que movía la fábrica mediante ruedas dentadas y ruedas con correas. El agua se necesitaba para los batanes y los cilindros de las perchas y se usaba para, con sosa, desengrasar la lana resultante de esquilar los corderos. En definitiva, la industria lanera se había asentado sobre los antiguos molinos de harina árabes, en la zona desde el nacimiento de la Villa hasta el puente de los Remedios. Era, por así decirlo, el antiguo polígono industrial de Antequera, el primero de todos. Coincidió la crisis de la molienda de harina con molinos de piedra, sustituidos por cilindros de acero eléctricos, precisamente cuando nos iniciamos a fabricar mantas, que sí que necesitaban el agua.

El río, no obstante, era objeto de litigios y problemas entre los industriales y agricultores en los comienzos de la industria lanera. Pensando en problemas futuros, con el Convenio de las Aguas de 1854, por el que se establecieron normas de actuación, se acabó con este posible problema. De todas formas, la industria antequerana no consumía agua, la utilizaba básicamente como fuente de energía y como lavado que devolvía al río.

Nunca ha faltado el agua, ni en verano ni en invierno, con nuestro maravilloso Torcal y esto ha dado lugar a asentamientos estables de población. Las fábricas de mantas funcionaban todo el año sin problema si había ventas. No ocurría lo mismo en otras fábricas de mantas de las muchas que había en España, donde se paraba de fabricar la mitad del año por no tener agua el río abastecedor. La sierra del Torcal es como un gran embudo que recoge el agua de lluvia y va saliendo de forma continua en el nacimiento del río de la Villa como un prodigio de la naturaleza.

En el río abundaban soberbios cangrejos autóctonos y bastantes ranas. En el Henchidero se bañaban desde el puente de los Escardadores hasta llegar a la Chafarrina y cuando llegaba el guarda de agua salían corriendo los jóvenes, pues si no era así el guarda les quitaba la ropa, con el problema consiguiente para el afectado.

Había en el río unos tableros de contención de agua para desviarla al «cao» y el agua en circulación rebosaba de ellos y continuaba por la Madrevieja. Cada fábrica tenía asignado el cuidado de un tramo de «cao», lo cual hacían una vez al año, retirando los tableros para dejarlo casi vacío y quitar las hierbas. Al quitar los tableros encontraban debajo de las piedras gran cantidad de cangrejos. Yo recuerdo en mi niñez, en dos o tres ocasiones, ir con un grupo de amigos a pescar cangrejos de los que andan para atrás, como se suele decir.

Ya no quedan cangrejos, hace años que no. Después me dijeron que sí. No es mal sitio el río para tener acuicultura en la ribera, si bien permisos de este tipo pueden tardar años en concederse, caso que los concedan, y necesitar no pocos estudios ambientales probablemente. Con tantas leyes, para hacer algo se necesitan tantos papeles que, si es que los consigues, cuando te los dan estamos ya en otra etapa de la historia. Para lenta Administración, la nuestra.

Así, en la ribera del río había lo que podemos llamar un polígono industrial de la antigüedad, cuyas fábricas se movían por las «ruedas» de cangilones.

Aparte de aportar agua para la población y para el ganado de su área, junto al río de la Villa nos encontramos ya en época árabe varios molinos de harina. En los años 60 del siglo pasado solo funcionaba un molino hidráulico para harina en la ribera del río, que fue un tiempo de mi padre en aquellos entonces. Era el Molino Dorado. El mantenimiento del edificio es bueno, es el único en buenas condiciones porque el propietario actual lo cuida mucho. Los molinos fueron sustituidos en parte por fábricas de mantas y las fábricas de harina, ya con electricidad, se pusieron dentro del casco urbano y con unos sistemas de producción más avanzados.

Había numerosas fábricas de harina en los años 60 y 70, todas las cuales cerraron por aquella época (utilizaban trigos duros de la campiña antequerana, por lo general) y fábricas de pastas, que cerraron igualmente por aquellos años. Eran pequeños fabricantes de fideos con prensas manuales, dando vueltas a las mismas, lo mismo que los burros en los pozos de agua. Industrias Masagarr sustituyó a las artesanales como fábrica industrial. Estaba ubicada en calle Talavera (conocida como calle del Gato en aquellos tiempos) y pertenecía al 50 por ciento a don Francisco Matas Ruiz y a mi padre, Antonio Sánchez-Garrido Sánchez; de ahí el nombre de Masagarr, iniciales de Matas y Sánchez-Garrido. Después fue de mi padre solamente y, finalmente, de mi hermano Antonio, quien la remodeló con máquinas modernas para todo tipo de pastas. Sin embargo, tuvo que cerrar al no poder competir con algunas firmas que habían instalado fábricas gigantes y habían hecho mucha publicidad, hecho al que se unió la notable disminución del consumo como consecuencia de la mejora del nivel de vida. En aquellos tiempos los fideos eran considerados un plato barato y las pastas más sofisticadas eran muy caras. Con la mejora de las condiciones de vida se abandonaron los fideos clásicos y se fue a pastas de diferentes tipos en bolsas de celofán.

Trigos de calidad, agua de calidad y tradición daban como resultado una bien ganada fama de calidad al pan de Antequera, que aún pervive. Tengo amigos que cuando pasan por Antequera no dejan nunca de comprar pan porque consideran que es un pan de buena calidad, como lo es sin duda. «Para pan, el de Antequera».

Había también fábricas de curtidos, de curtir pieles, en la ribera del río de la Villa, así como una fábrica de papel de estraza.

Junto al río se desarrollaron la Antequera romana y la árabe. En sus riberas vivieron generaciones de antequeranos durante muchos años, durante siglos, hasta que ya los alcázares y castillos no eran necesarios tras la conquista de Granada, por lo que se extendió Antequera por el llano y surgió una nueva ciudad, quedando la antigua *madina* o ciudad árabe desierta, llena de suciedad y después demolida.

En la calle Fresca, enfrente de la calle del puente, entre los edificios del instituto, había un muro, un hueco, un agujero con forma de media circunferencia y con la base plana. Podría tener dos metros de diámetro y de altura, pues no sé, algo más de un metro. Daba un poco de vértigo asomarse por allí. No había protección alguna y bien podría caerse algún crío despistado o algún perro. Las leyendas urbanas de niños decían que era un sitio peligroso, pues de caerte, el agua te trasladaba al centro de Antequera, donde quedarías probablemente atascado o atrapado. Se contaba que por allí habían tirado algunos muertos. Esto generaba en los niños cierto pavor. Era una leyenda, tal como me la contaron. También se decía que fue asesinado alguno en la guerra, lo cual no es verdad. Son las leyendas de la calle Fresca, calle un tanto apartada del centro de la ciudad.

Ya cerraron el agujero hace años, gracias a Dios. Le pregunto ello a Manuel y me comenta que aquello era simplemente un desagüe de Antequera que iba a la Madrevieja, es decir, al río. Ahora eso ya no ocurre, pues ya todo está entubado y va a la depuradora. En definitiva, que no es que haya una derivación. Es el desagüe que pasa por debajo de Antequera.

En la Verónica, en el extremo opuesto de la ciudad de donde estamos hablando, hay (o había) otro desagüe urbano antes de ser canalizado. Después de ello he venido leyendo que la calle Carrera estaba dividida en dos debido al arroyo pestilente que desde la calle del Obispo atravesaba la misma. La parte de arriba era la calle Carrera Vieja y la que iba del arroyo a la plaza de Belén era calle Carrera Nueva. Cuando el desagüe se canalizó, se llamó a las dos calle Carrera. Ya dejó de haber calle Carrera Alta y calle Carrera Baja, con su puente dividiendo.

En general, tenemos la manía en esta España de cambiar los nombres a las calles de acuerdo con el momento político. Yo entiendo que no se deben cambiar, como tampoco han de modificarse los números de las casas. Es como cambiar el número del DNI. Tampoco deben quitarse monumentos de forma continua, tema que me llama poderosa y negativamente la atención. Para bien o para mal, se piense como se piense, no deberían cambiarse y debería respetarse la historia. Todos somos consecuencia de nuestra historia. En París no han quitado la monumental tumba de Napoleón, el cual fue desterrado.

Si va a visitar el nacimiento del río de la Villa, tiene varios sitios estupendos donde comer: la conocida Venta Molino Blanco, la Venta El Conejo, la Venta Los Patos y el propio *camping* del nacimiento del río. Todos sirven comida casera de gran calidad. Los fines de semana para ir a comer a El Conejo o Los Patos hay que ir con más de una hora de antelación; si no es así, estará todo ocupado generalmente. Salvo ahora, con la pandemia, que tantos negocios viene asolando.

Hoy día, evidentemente, la noria (no la de feria, sino la de río, la hidráulica) solo es una bella máquina para el recuerdo. El agua mueve hoy unos elementos mucho más ligeros y sencillos, que son las turbinas, y la energía hidráulica se utiliza fundamentalmente para la producción de energía eléctrica, aprovechando los saltos de agua. Generalmente, en las presas con este sistema se aprovecha mucho mejor el agua al quedar embalsada. Es una forma de producir energía eléctrica limpia. Aquí, en Antequera, en la salida para Granada a la altura del polígono industrial, se ha tenido el buen gusto de poner en una rotonda una noria de una de las antiguas fábricas de mantas como monumento permanente a nuestra historia.

El agua en sí constituye una fuente de riqueza muy considerable e importante. El río de la Villa es por lo que nace y se hace Antequera. Me comenta Manuel que en el Henchidero, no sabe por qué, hicieron en el año 40 un muro de presa no muy alto, vamos a decir una presita. No sabe las razones, pero cuenta que hubo que quitarla en parte para dejar el agua correr porque inundaba fábricas de lana cercanas.

Por ello, en poco tramo, justo en el que el agua va pendiente abajo antes de llegar al llano, se situaron aproximadamente veinte molinos de harina, una barbaridad, un verdadero poderío industrial. El único molino fuera de este tramo estaba en la Peña de los Enamorados.

La molienda era necesaria no solo para el trigo y hacer después el pan, sino que el ganado también necesitaba que los granos que ingería (tales como cebada, maíz y algunos más) fuesen previamente molidos, porque si no era así los animales en muchos casos no los podían digerir y eran defecados tal como eran ingeridos. No pensemos que era solo para fabricar harina de alimentación humana. La carga ganadera siglos atrás era muy importante; la vega antequerana no estaba roturada para agricultura y era en buena medida tierra de pastos, de los que se alimentaban muchas ovejas y cabras.

De esta forma, los agricultores y ganaderos llevaban los granos a los molinos. Los molinos de harina fueron la base. Una vez quedaron sin actividad harinera, fueron aprovechados para instalar una industria de la lana, construyendo la infraestructura y las edificaciones. Ocurrió que, en cierta medida, al ser aquella zona muy particular se instaló en ella la industria harinera, como consecuencia de cual emergió otra industria, la lanera, y como complemento a esta surgió la industria de curtidos.

Hoy día, por no ser la zona de evolución fácil al estar en un lugar con difícil acceso en cuanto a las comunicaciones (un valle pequeño entre cerros), no se han instalado otros negocios, que prefieren tanto los servicios como la amplitud de los polígonos industriales. Por ello, la ribera mantiene edificios que de otra forma hubiesen sido demolidos y que la hacen atractiva para restaurantes y turismo. Pasear junto al río es agradable, habría que ver cómo hacer caminos adecuados para este fin. La zona de los molinos es un área interesante turísticamente, sin duda, y de buen potencial futuro.

La zona industrial, en el llano. Ya los saltos de agua como fuente de energía han dejado de ser útiles. Quizá en el futuro habría que pensar en usar o adecuar la infraestructura total de la ribera para la generación de energía eléctrica limpia, sin contaminación del medio ambiente. El desnivel del río en las cercanías de su nacimiento probablemente lo haga interesante. Estaría estupendo mantener en funcionamiento la infraestructura hidráulica, pero en los molinos, en vez de norias, usar las turbinas, con menos rozamiento y mejor aprovechamiento energético. La infraestructura de canalización lateral del río se mantendría, dando a aquella zona mucho más valor turístico.

Hasta aquí el capítulo del río de la Villa, una maravilla de río.

6. Molinos de harina, curtidurías, marmoleras y otras industrias

Antes de entrar en las mantas es bueno recordar lo que había de industria en aquella época en Antequera, además de las mantas. Una cosa conlleva a otra y así se forman cadenas; con un paso se inicia un recorrido que puede ser de largo alcance.

El agua bajando desde su nacimiento con buen desnivel trae aparejada la energía hidráulica. Al disponer de ella surgen desde época árabe los molinos harineros. Una vez los mismos han decaído, en su infraestructura nace y se desarrolla la de las mantas, construyéndose nuevas edificaciones. El consumo de lana trae consigo las tenerías o curtidurías (el nombre de tenerías proviene de que en las mismas, en buena parte de ellas, se utilizaba tanino, un producto que procede las cortezas de algunos árboles concretos) de las pieles de la oveja, y ya que está la tenería se curten también las de cabra (nuestra provincia es muy rica en ganado caprino) y después se curten las pieles de vaca. Todo se va encadenando y la existencia de industrias genera la creación de otras.

La industria, en primer lugar artesanal totalmente o luego de talleres, tiende a concentrar sus centros de producción en un solo espacio. Es lo que llamamos la industria manufacturera; se pasa de artesanal a manufacturera, lo que da lugar, como siguiente paso, a la industria mecanizada, con máquinas inicialmente de madera en buena medida, lo cual favorece el desarrollo de los talleres de carpintería. Cuando evolucionan las máquinas y de madera pasan a ser metálicas, consiguientemente se da lugar a fundiciones.

Los desarrollos industriales tienden a crecer y polarizarse en regiones partiendo de un núcleo. Así, hay localidades que tienen una alta actividad en la producción de calzado u otras en juguetería, por citar algunos ejemplos. Es decir, viene en cierta medida la especialización de un determinado sector y el conglomerado crea sinergias colaterales.

Una empresa que funciona hace, en definitiva, que le crezca la competencia. Suele ocurrir en la pequeña industria que personal de una determinada empresa se marcha de la misma y se inicia como empresario solo o con socios. Se crea una empresa similar a la que estaba trabajando, hay un efecto de crecimiento polarizante de actividades concretas.

Junto a una industria nacen actividades paralelas, de suministros y de transformación y acabado para otros usos de algunos productos, que se pueden obtener diferentes con lo que en las mismas se elabora en numerosos casos.

La protección y colaboración a la industria ubicada en la comarca es un tema en el que debemos colaborar todos los ciudadanos con el empresario en general y, desde luego, muy particularmente apoyando al empresariado antequerano, es decir, a los empresarios que nacieron o viven en Antequera o que tienen sus sedes empresariales en esta maravillosa ciudad.

El desarrollo de cultivos en la vega de Antequera, fundamentalmente trigo, cebada y olivar, junto con el río de la Villa, trajo consigo el desarrollo de la harinería, primero en la ribera del río de la Villa y después con energía eléctrica, mediante tahonas en la ciudad, las cuales tuvieron cierta importancia.

El hecho de disponer de olivar fue el causante de la instalación de almazaras, las cuales no necesitan el río como fuerza energética. La abundante mano de obra en la comarca de Antequera y, desde luego, en su vega fue causa del desarrollo del olivar ya desde el tiempo de los romanos. O bien las masas de cultivo de olivo hicieron que la comarca fuese más poblada.

Lo que ocurre es que, al estar la civilización en un desarrollo constante, lo que tiene importancia hoy no tiene sentido pasado un tiempo ante la evolución cada vez más acelerada, porque el ritmo aumenta de forma impresionante.

En general, España no fue una adelantada ni mucho menos en la industrialización dentro del contexto europeo, en cuya cabeza estaba, sin duda, a nivel internacional Inglaterra, seguida por Alemania y Francia. El no tener buenas comunicaciones y el alto índice de analfabetismo por falta o insuficiencia de escuelas y universidades lastraban el desarrollo, aparte de que, en general, el español ha viajado poco por Europa cuando había que hacerlo. El siglo XIX fue nefasto para España, así como también lo fue buena parte del XX, que culminó en la trágica guerra civil y sus secuelas subsiguientes.

A todo ello se le une la historia de Andalucía, bastante atrasada con respecto a otras comarcas. En una España atrasada industrialmente, Andalucía es el colmo de ello. Somos los andaluces, en definitiva, una tierra conquistada, cuyos habitantes anteriores fueron expulsados y desde la Administración ha habido más apoyo a otras regiones más desarrolladas y poco a las que eran vagones de cola como la andaluza. Evidente y lamentablemente, se les echa culpa a los andaluces cuando esto no es así, colgándonos algunos sambenitos injustos con los que se nos atropellan personas que no conocen para nada las circunstancias históricas y humanas que han condicionado nuestro desarrollo industrial, empresarial y económico.

La industria cambia. Se crean o se organizan grandes monstruos, o bien de importaciones, y cae la industria media en alta medida, rompiéndose esquemas en vigor durante años, a la vez que aparecen otras opciones nuevas cada vez más grandes, que han crecido en buena medida comprando a los más pequeños. Con ello se encuentran estructuras en funcionamiento ganando tiempo y también evitando en lo posible alguna competencia. Sobre todo ganando tiempo, pues la competencia es inevitable.

Todo esto está cambiando de forma fulgurante y ni zonas de alta industria ni de poca se salvan. Veamos, por ejemplo, un país como China, muy atrasado en todos sus aspectos, pero que ha tenido un enorme desarrollo en unos años. Citemos también a Corea del Sur. Hoy ya los cambios no requieren siglos, sino lustros, y dentro de poco solo se necesitarán unos pocos años. Antes los cambios requerían siglos. Una región donde la industria ha decaído de forma importantísima es Cataluña, vamos a decir por circunstancias globales en un mundo, de momento, cada vez con menos fronteras. Cada pueblo tenía su polígono y su actividad industrial; hoy quedan muchos casi desiertos, con naves de almacenamiento.

La producción ganadera en Antequera descendió de forma espectacular con la caída del consumo de la lana, sustituida en alta medida por fibras artificiales. Se ha producido un desarrollo agrícola intenso, todo debido a causas y razones de acuerdo con los requerimientos de los tiempos. Se ha ganado en superficie agrícola y ha habido un aumento espectacular de las producciones por hectárea. La Comunidad Económica y el movimiento de mercados y tendencias son factores positivos muy considerables.

El desarrollo industrial de Antequera a partir de la primera mitad de siglo XIX (de 1850, que es cuando se empezó, en definitiva, la industrialización en España) se puede resumir así: Antequera fue una adelantada si la comparamos con la mayoría de las ciudades medias de España.

En este desarrollo lo fundamental fue la industria lanera, basándose la industrialización en lo que antes había sido textil artesana de paños y bayetas. Se inicia industrialmente la fabricación de mantas en Antequera, lo cual no se habían confeccionado nunca, como se lee por muchos sitios.

Mientras duró el desarrollo lanero, artesanal y manufacturero todo iba más o menos funcionando con una estructura. Cuando aparecen las máquinas hiladoras y las tejedoras automáticas todo el esquema anterior artesanal que había en España, que era enorme, se va al traste, produciendo una crisis económica y mucho paro.

En Antequera surge un empresariado nuevo, dispuesto a invertir en maquinaria automatizada importada (no había nacional) y creando una nueva industria, que es la fabricación de mantas y bayetas. Evidentemente, cuenta a su favor con una energía hidráulica que lo hace posible, un sector con experiencia y mucho personal preparado en el paro por el colapso de la industria artesanal tradicional. Todo ello presiona para que Antequera dé un paso adelante, una vez roto lo tradicional. Y ello es posible gracias a los factores comentados y al espíritu empresarial de la ciudad, que siente y vive el problema y que, lógicamente, desea además hacer negocios y crecer.

FÁBRICAS DE HARINAS. En mi niñez también se les llamaba tahonas aunque no fabricasen pan y fuese solo harina. El nombre de tahona también es para los molinos movidos mediante animales de tiro (este no era el caso). La producción de energía eléctrica y los nuevos sistemas de molienda dieron lugar a esta industria dentro de la población de Antequera, desechándose los molinos hidráulicos de ribera, de mucho menos rendimiento.

La gran fábrica de harina era la fábrica Moreno, fábrica de harinas La Concepción. En 1893 llevó a cabo la transformación de pasar de moler en molino de piedra a hacerlo por el sistema de cilindros; fue una de las primeras que dio el paso en Andalucía. Ya muchos molinos estaban al borde del cierre por su bajo rendimiento. La fábrica Moreno era una gran fábrica, que fue pionera, y lo que ocurrió fue que rápidamente se copió el proceso y se organizó en Antequera una potente industria harinera, cuya relación de fabricantes reseño. El señor Salazar ha conocido las siguientes:

- Aguilera (calle Trasierras y Santísima Trinidad).
- García Cabello (calle Carreteros).
- Una en calle Duranes.
- Carrasco en calle San Agustín.
- Moreno junto al río (ya comentada y pionera).
- Gómez Magariños en Cuesta Zapateros.
- Zurita en calle Calzada.
- Otra en la esquina de calle Cantareros y Lucena.

Ya las harineras dentro de las poblaciones han desaparecido. Hoy existen enormes industrias con producciones gigantescas diarias y situadas en sitios muy estratégicos (cercanas a los puertos, por ejemplo), que se han cargado las de producciones reducidas en toda España, entre ellas, obviamente, las de Antequera. Aparte de esto, una industria dentro de una población ya no se admite o es muy raro que exista por la normativa legal vigente.

FÁBRICA DE FIDEOS Y PASTAS PARA SOPA. El hecho de que hubiese una potente industria harinera en Antequera favorecía la instalación lógica de fábricas de fideos y pastas para sopa, de las que había varias en la ciudad, que se fueron automatizando. Una de ellas (creo que la última) fue Industrias Masagarr, que en sus inicios perteneció al 50 por ciento a Francisco Matas Ruiz, de Casariche, y a mi padre, Antonio Sánchez-Garrido Sánchez. Se ubicaba en la calle Talavera, conocida como calle del Gato. Después pasó toda a mi querido hermano Antonio Sánchez-Garrido y Reyes, pero aparecieron grandes multinacionales de producciones diarias enormes, con fabricación de harina incluida y a unos precios con los que era imposible competir y se terminó cerrando Masagarr, aproximadamente en 1966. La producción de Masagarr era de 2.000 kilos diarios. Esto podría suponer al año, supongo, unos 750.000 kilos. Hoy el primer fabricante español produce 120 millones kilos y el segundo, sesenta millones, y además de las pastas fabrican otros productos como galletas, por reseñar alguno. En fin, el sector está en pocas manos porque el gigantismo invade la industria y se carga a la más pequeña al tener menos coste productivo en general, gabinetes de estudio y mucha variedad que el pequeño no puede tener, además de un servicio rápido. No obstante, de alguna forma se ve que la tendencia va cambiando y empieza a haber de nuevo fabricantes pequeños con cierta especialización peculiar, fuera de los grandes volúmenes y, en consecuencia, artesanales. En España se importan muchas pastas de otros gigantes extranjeros y también se exporta.

Esto es un problema en el que continuamente pienso, no de ahora, sino que llevo años leyendo y viendo noticias económicas de compras de empresas por otras. Y no solo leyendo, sino que lo he visto muchas veces en mi entorno laboral y me he visto inmerso en ellas. También hablamos de fusiones de empresas muy grandes, cada vez más automatizadas y productivas. Y mi pregunta es: en una población que crece, en unos negocios cada vez con más capacidad productiva y menos personal, ¿dónde está el trabajo? Supongo que habrá que emigrar de nuevo, quizá a países muy diferentes que en el pasado y que estén en crecimiento. No veo el futuro claro en este sentido. Y no creo cuando los políticos hablan de crear no sé cuántos miles de puestos de trabajo. Los políticos no los crean, los crean los empresarios. Que les pregunten a ellos y harán, sin duda, una correcta previsión.

FÁBRICA DE TELAS. En calle Carrera había una fábrica de telas. Era de los señores Vergara, de los que tenían la tienda de tejidos en calle Lucena, esquina a Cantareros, frente a Madre de Dios. Esta industria no necesitaba estar junto al río y fue la única en Antequera, al menos que tenga constancia.

ALMAZARAS O FÁBRICAS DE ACEITE. Tenían una los Vergara en la calle Picadero (sale de la calle Alameda) y había otras varias, generalmente ubicadas en el campo, junto a los olivos. Hoy tenemos la Sede de DCOOP para alegría de todos los antequeranos. Cooperativa de segundo grado y la más importante en la comercialización de aceite puro de oliva virgen de España. Una de las cooperativas asociadas es la cooperativa antequerana Nuestra Señora de los Remedios. Hoy día el gigantismo es el futuro en el cooperativismo. En la Comunidad Europea hay cooperativas gigantescas, que incluso abarcan en su extensión varios países. En España, el fraccionamiento del cooperativismo es grande, lo que le resta fuerza. Hay localidades con dos o tres cooperativas; la fusión en una disminuiría costos, pero seguramente por afán de protagonismo de sus directivos, que no quieren perder su cargo, no se fusionan. Y, por supuesto, tampoco quieren integrarse en otra mayor, de segundo grado, como es DCOOP. Quieren tener su comercialización independiente, no perder el control personal. DCOOP es cooperativa de grado prioritario, que es una medida tomada por la Administración para fomentar el gigantismo en las cooperativas y estar a nivel competitivo con Europa, y ha crecido en otros productos, tales como el vino, lo que hace que su facturación anual supere algo los mil millones de euros. Por suerte, tenemos la central de DCOOP en Antequera para alegría de todos los paisanos.

FÁBRICAS DE CURTIDOS O TENERÍAS. Manuel Salazar no es preciso en este tema. Él sabe que había cuatro o cinco curtidurías, casi todas juntas y próximas a la Puerta del Agua. «Después de la puerta de entrada a las fábricas había pilones —me comenta— donde metían las pieles y posteriormente el agua sucia iba a la Madrevieja».

Los productos que se añadían para curtir Manuel no los sabe. Comenta que en la Moraleda había dos tenerías y en total había seis o siete en funcionamiento cuando él era joven.

Las tenerías o curtidurías son las fábricas donde se curten y trabajan las pieles. Necesita esta industria mucha agua. Curtir, en definitiva, es tratar la piel de un animal con diversos procedimientos y sustancias para hacerla flexible y para que no se descomponga y dejarla lista para la fabricación de diversos objetos, tales como calzado, bolsos, etc.

A tal objeto hablo con don Ignacio Casco. Su padre tenía una tenería, que anteriormente fue de su abuelo. Su padre fue Antonio Casco. Referencias a la misma he visto en alguna revista antigua: «Antonio Casco e Hijos, fabricante de curtidos y propietario de almacén de lanas de corte de vellón».

«José Luis —me comenta—, se cerró hace muchos años». En definitiva, la tenería estaba formada por tres bombos grandes, quizá con cuatro metros de diámetro, que eran de madera e iban sobre una estructura metálica. En ellos, por una boca grande, que se denomina boca de hombre, se introducían las pieles. Junto a las pieles se añadían los productos químicos necesarios para la operación y se tenía la máquina dando vueltas varios días y noches, quizá cuatro o cinco sin parar, y se les inyectaba a los cilindros giratorios agua.

El nombre de tenería no proviene de ternera, sino de tanino, que es un producto que procede de la corteza de algunos árboles como el castaño y roble, entre algunos otros, y que se usaba para esta operación de curtir hasta que llegaron productos químicos mucho más eficaces. Olor, productos químicos, lavado y lógica contaminación de agua… Estos elementos de esta industria molestan, por lo que desapareció de casi todos los puntos y hoy los que quedaron se reconvirtieron en modernas fábricas ya sin problemas. O con escasos problemas. Los negocios no se deben cerrar; necesitan apoyos para reconversión y que subsistan con nuevos enfoques dentro de lo posible.

Siguiendo con el proceso, posteriormente sobre unas grandes mesas de trabajo, con unas cuchillas largas (quizá de un metro o más), de las que se cogía cada extremo con una mano protegida suficientemente, se raspaba la piel para descarnarla y por el otro lado quitarle el pelo y prepararla y limpiarla para su venta.

El motivo de estar junto al río era precisamente porque los grandes «bombos», día y noche dando vueltas, utilizaban la energía hidráulica de los molinos. Además, el proceso necesitaba mucha agua.

Algunas pieles más robustas eran para la suela de los zapatos. En Antequera había artesanos fabricantes de zapatería, sobre todo para botos camperos. El último, desaparecido no hace demasiado, se ubicaba en la calle que va para arriba desde la plaza San Bartolomé. Es la cadena a la que me refería antes: como consecuencia de una industria se crean otras en el círculo productivo.

Hace cincuenta años (es decir, en 1970) había tres fábricas de curtidos, tres tenerías. Una era la de los señores Carrillo y otra, del señor Casco. Del propietario de la tercera no se acuerda don Ignacio.

«En cuanto a pieles, se curtían de diversas especies animales, fundamentalmente de caballos, ovejas y cabras —me sigue comentando don Ignacio Casco—. La piel de oveja es la badana, está el chevron o piel de cabra y también, aparte, pieles de vaca».

Esta industria, por ejemplo, he visto yo que ha desaparecido en ciudades donde era importante. La contaminación del agua y los malos olores han influido mucho en ello. Contaminar el agua del río hoy día, con tanta normativa ambiental, se hace extremadamente complicado y frágil en su perspectiva. En cierto modo, era un negocio paralelo al de las mantas, pues los que compraban pieles también compraban lanas, que vendían a las fábricas de mantas.

FABRICACIÓN DE JABONES. A consecuencia de las grasas de las tenerías y del matadero, también surgió en Antequera alguna industria de confección de jabones: el jabón verde duro y algunos jabones blandos.

MARMOLERAS. Las había junto al río, por el alto consumo de agua para cortar el mármol. Sobre la sierra de cortar aplican agua como forma de refrigeración, de modo que por el calor no se funda y rompa la misma. La materia prima estaba en la sierra del Torcal. La del Molino La Torrecilla la cerraron para ponerla en otro sitio más amplio, el Molino Blanco, ahora transformado en restaurante-museo. Hoy hay tecnologías más modernas que permiten prescindir del agua. En la actualidad no se puede extraer piedra de la Peña de los Enamorados ni tampoco de la sierra del Torcal al estar ya ello prohibido, máxime cuando es Patrimonio de la Humanidad. Tampoco el agua del río para nada se puede contaminar, ni mínimamente.

FUNDICIONES DE HIERROS Y ACEROS. Todo va como encajando. Con la Revolución Industrial se cambia a un alto consumo de estos productos para la maquinaria, la cual pasa de la madera al acero, y en Antequera se instalaron dos fundiciones: la fundición de Luna y la de Alcaide. En metalurgia hablamos del ingeniero M. de Luna, propietario de Construcciones y Fundiciones Metálicas, fundada por los socios Beltrán de Lis, Herrero y Rodas en 1885 y que dio lugar a la fundición de Luna en 1915. En sus inicios, Beltrán de Lis y sus dos socios empezaron su fabricación en el polígono industrial del pasado, concretamente en fábrica Carmona, con el nombre de Fundición Santa Amalia, siendo la instalación muy pequeña y embrionaria. Hoy Huerta Carmona, donde quedan huellas de la historia pasada, es propiedad de mis cuñados Juan y José García Varo, y cuenta con un pequeño huerto para uso doméstico.

Las fundiciones en Antequera tenían mucho sentido. Abandonada la antigua maquinaria de madera, la industrialización y la mecanización a base de maquinaria mecánica trajeron como consecuencia el desarrollo de las fundiciones para fabricar elementos para las fábricas de mantas, las almazaras, las fábricas de aceite o los molinos de harina, entre lo más destacado. Se evolucionaba a la industrialización mecánica de forma acelerada. Y como una cosa viene con la otra, el hecho de que hubiese fundiciones alentó la instalación de algunos importantes talleres industriales, tres o cuatro en Antequera. De uno de ellos viví sus últimos años, Talleres Atanasio, en calle Merecillas. También al socaire de las fundiciones había cerrajerías y herrerías. Lamentablemente, las dos fundiciones no existen en la actualidad. Eran fundiciones fabricantes de maquinaria. En definitiva, de cierta relevante tecnología.

AZUCARERA. Fue una de las primeras de España. Su primera campaña fue en 1891-92. Tuvo posteriormente una coyuntura favorable con la pérdida de Cuba en 1898, con lo que se dejó de traer azúcar de esta procedencia.

Fue liderada por Romero Robledo, que fue tres veces ministro de Gobernación y una vez presidente del Congreso. Heredó en su Antequera natal una fábrica de mantas, que rápidamente vendió. Estaba casado con una cubana a la que podemos calificar como adinerada. En parte de su finca El Romeral promovió una sociedad anónima azucarera, buscando capital para que se suscribieran acciones de la misma por numerosos antequeranos, unos más y otros menos. Fue Romero Robledo el motor que la hizo posible en 1890. La pérdida de Cuba en 1898 y el corte por parte del país caribeño del azúcar a España fueron las causas del gran impulso del sector azucarero en general en nuestro país, lo cual le vino como anillo al dedo a la Azucarera Antequerana, beneficiándose Antequera de la industria por los puestos directos e indirectos que la misma conllevaba, así como de la mejora de la agricultura con la implantación del cultivo de la remolacha, la necesidad de mano de obra, los transportes, los talleres, etc.

Su producción era de 250 toneladas al día de molturación de remolacha. Hoy el cultivo de la remolacha en España se ha visto mermado drásticamente por los cupos de producción que impone la Comunidad Europea. En Francia pude visitar hace unos treinta años azucareras de aquel país, invitado por la entonces Compañía de Industrias Agrícolas (una de las tres grandes azucareras que en aquellos momentos había en España), y comprobé que había industrias de molturación que eran verdaderos monstruos, con una molturación de hasta 10.000 toneladas al día. En España también las había más grandes, como la de Cádiz, con 5.000 toneladas. Había una sola en funcionamiento y otra dedicada poner de color blanco el azúcar cubano importado, que era de color crema. En fin, no sé por qué preferimos el azúcar blanco al moreno. Los dos son lo mismo, en definitiva, y los precios no deben de ser lo mismo.

Fue creada la sociedad antequerana, como digo, por iniciativa de Francisco Romero Robledo, que fue socio de la misma. Antequera, en 1861, ocupaba el puesto 15 en el *ranking* de ciudades industriales en España, un lugar más que destacable y digno de orgullo de los antequeranos. La empresa se escrituró en 1890 y fue la primera electricidad que se contrató para Antequera. Entonces vamos a ver: la industrialización empezó en 1850, iniciándose en Inglaterra, Francia y Alemania de forma intensa, penetrando en España de forma tremendamente más lenta. En este país los tiempos eran muy malos, pero dentro del contexto industrial español y desde sus inicios Antequera ocupó un lugar más que destacado, por lo que debemos sentirnos muy orgullosos de nuestro pasado industrial, que no son los aires que se respiran ni mucho menos.

La Azucarera Antequerana Ingenio de San José era un referente ya pasada la primera mitad del siglo XX. El cultivo de la remolacha dejó de ser interesante económicamente para el agricultor en la vega antequerana. Se trataba de un cultivo de riego y fue la Azucarera Antequerana la que se inició en Andalucía en la promoción del cultivo de remolacha de secano, muy de la mano del ingeniero técnico agrícola señor Telesforo Carpintero, el cual después marchó a la finca Las Lomas, en Vejer de la Frontera. Aunque persona modesta y discreta, sin alardes, es sin duda uno de los referentes de la modernización del campo andaluz. En esta evolución o cambio a la remolacha de secano intervino de forma muy activa nuestro paisano y pariente don Rafael Sánchez Carmona, jefe de cultivos de la Azucarera Antequerana. Con ambos hice viajes a Herrera, Osuna y El Rubio, visitando a agricultores en los inicios del cultivo de la remolacha en secano, cuando todo era incertidumbre.

El gigantismo de las fábricas modernas, la necesidad de que estén en los puntos donde está el cultivo y, sobre todo, las cuotas impuestas por la UE (esto como base fundamental: los cupos máximos productivos para España que nos concedió la Comunidad Europea, que considero ridículos) hicieron duros los últimos años de la azucarera, que estaba sentenciada a su cierre. De las muchas azucareras que hubo en España, solo ha sido posible que queden tres o cuatro y de gran volumen. Se cerraron, según calculo, que no menos de quince.

El ingeniero de la azucarera se llamaba Antonio y posteriormente entró José García-Berdoy Regel, ingeniero industrial, el cual efectúo una serie de modernizaciones e inversiones para salvaguardar en lo posible la permanencia de la industria y potenciarla en todo lo factible, lo que me consta y viví. Persona muy preparada y ponderada, caballerosa como ninguna y trabajadora, dio impulso a la misma en todo lo posible en unos tiempos en que el sector vivía una situación complicada.

Hoy donde estaba la azucarera hay un polígono industrial, manteniéndose en alta medida edificios de esta, que se han reconvertido acertadamente, no perdiendo aquella zona sus esencias.

En la calle Encarnación, esquina al Coso Viejo, en un edificio con patio interior y cierto empaque estaban las oficinas de la azucarera. Hoy, aunque nuevo, se ha reconstruido manteniendo la misma fachada, el mismo patio interior y las puertas de acceso. Una maravilla de lo que es conservar el patrimonio histórico y cultural. Don Ramón Sorzano Santaolalla era gerente de la azucarera y, ya a título personal, era propietario de la ferretería La Llave, en Calle Estepa. Fue una persona a la que me alegro mucho de haber conocido, todo un maestro en la lógica y en la discreción.

Eran tiempos en los que no había teléfonos, por lo que se hizo una línea telefónica específica que unía las oficinas de calle Encarnación con la fábrica.

En la Cuesta de los Rojas trabajaba en las oficinas de Berdoy el consuegro de Manuel Salazar, Alfonso Mir. Eran tiempos de plumas y tinteros, no de ordenadores; de oficinas, por tanto, con mucho personal y Berdoy era un grupo que daba trabajo a muchas personas en Antequera. Era la época en que se llevaban, en muchos casos, manguitos encima de la ropa para que no se estropeara el tejido de los codos del traje al rozar los mismos sobre la mesa, era el tiempo de las gomas de borrar y de las plumas para escribir mojando en tinteros, era el tiempo del papel secante. Y viví el compañerismo entre el personal de oficina de la Cuesta, el alto compañerismo sin perder el humor, un humor fino, ocurrente y agudo,

El jefe de la oficina era Antonio Montesinos Hipólito, que vivía en calle Lucena. El adjunto al jefe era Enrique Guzmán. Los nombres de los empleados de la oficina se me borran con el tiempo, lamentablemente. Me acuerdo mucho de los hermanos Casaus y de un malogrado amigo que falleció muy joven («de repente», como antes se decía a los infartos), José Luis Jiménez Varela. Abonos Berdoy fue uno de los pioneros en España de los abonos líquidos, que hoy tanta importancia tienen. Abonos Berdoy apostó desde el principio por ellos e invirtió en este negocio, dedicando buenas dosis de desvelos y atención.

FÁBRICAS DE MANTECADOS. Era una fabricación familiar, para el consumo de esta. Los mantecados no se cocían, quedaban blandos. Estas tortas se consumían mucho en esta época antigua. Lógicamente, proceden de época cristiana, del siglo XVI, ya que antes, en la época árabe, al cerdo ni verlo. A partir de siglo XVI, una vez terminada la conquista de Granada en 1492, el cerdo adquiere un alto protagonismo por su alto rendimiento.

El iniciador de la comercialización no familiar, sino para venta en general, de ámbito de gran recorrido y no local, fue La Castaña, que fue quien hizo una cocción suficiente para que el mantecado aguantara más tiempo. Rápidamente a este paso le siguió La Antequerana en 1881 y posteriormente otras. Entre ellas destaco La Perla, que sigue haciendo los mantecados de forma totalmente artesanal y en cuya cola de compras estuve cerca de la Navidad de 2019. Una cola alegre, contenta, con unos olores de los mencionados dulces impresionantes.

En mi niñez los mantecados los hacía mi abuela Pura en la casa de Merecillas y los llevábamos al horno panadero de la calle del Plato para su cocción. Lo mismo hacían muchísimas familias en Antequera, cada una en su horno de referencia, donde se esperaba alegre y felizmente a que estuviesen listos y cocidos para retornarlos a casa y, sin envolverlos, meterlos entre mantas plegadas para su mejor conservación, siempre guardados con llave para que los pequeños no acabaran con ellos en un santiamén.

Ya teníamos desde sus inicios, en el siglo XX, los tres ingredientes, los básicos: manteca de cerdo, harina y azúcar, los tres de fabricación antequerana, junto con agua del Torcal. Todo.

De forma industrial, para vender fuera del ámbito de la ciudad de Antequera, se inicia la elaboración de los mantecados, polvorones, roscos y alfajores a principios del siglo XX. Por otro lado, surgen otros nuevos productores como Luis Moreno Rivera (marca La Gloria). En su día fue una empresa muy importante, pero ya cesó la actividad.

En la carrera de ventas de este producto tradicional, el origen unos dicen que es Estepa y otros Antequera, una polémica aún no aclarada. Escribí hace años en internet que Antequera era la cuna del mantecado y hubo estepeños que prácticamente me insultaron. Es Antequera donde se inició la cocción, que entiendo que es el inicio del mantecado. Antes de ello, crudo, era otra cosa diferente.

De todas formas, últimamente en Antequera se va avanzando con fuerza después de muchos años de decaimiento. Se fabrican en total cinco millones de kilos y en Estepa, veintidós millones. Este volumen mayoritario de Estepa de alguna manera hace que muchos estepeños, defendiendo su patria chica, digan que proceden de allí y nosotros de aprendices. Es verdad y cierto que en Antequera, no sé por qué, se cerraban fábricas. Razones las habría. Pienso que en Estepa se invirtió en redes de comercialización y, sobre todo, en maquinaria de automatización industrial, lo que les permitió fabricar mucho más y a menor costo, diversificando la oferta de los productos y sobre todo haciendo esfuerzos económicos y organizativos en su comercialización. Pero la película no ha terminado.

Es una industria desarrollada con mucha fuerza en los últimos cincuenta años, donde Estepa guarda el liderazgo, pero los mantecados de antes, los de siempre, son evidentemente de Antequera, con todos mis respetos a la próxima y querida Estepa, que ha hecho el trabajo mejor (¡qué duda cabe!) en este sector y con mucho, por lo que se constituye en un ejemplo del bien hacer, si bien Antequera ahora va recuperando terreno perdido para ver si consigue situarse donde se merece.

En este sentido, soy optimista, pues veo que en estos últimos años vamos ganando terreno. El tema está en desarrollar las ventas nacionales e internacionales, clave del asunto.

ELABORACIÓN Y VENTA DE MANTAS ARTESANALES. Es un negocio que echo de menos en la actualidad, la fabricación artesanal de las mismas y establecimientos de venta de mantas antequeranas. Es un tema para desarrollar, es una tradición, como nuestros mantecados. Un sitio donde se ha de venir a adquirir las prestigiosas mantas. Es nuestra historia y la historia es fuente de gran mercado, es la potenciación de la marca prestigiosa: mantas de Antequera.

LA INDUSTRIA ACTUAL. Ya en las primeras décadas del siglo XXI hay una profunda transformación en todos los sentidos de la sociedad, transformación en la que estamos inmersos y que es muy acelerada.

Hay un desarrollo importante de una industria nueva, que es la industria turística, que se tiene gracias a nuestro patrimonio histórico y a las inversiones que en él se vienen efectuando para ponerlo en valor. La industria turística crea hoteles, restaurantes, cafeterías y desarrolla los transportes. Crea vida e industrias paralelas. Pongamos como ejemplo el campo de golf, con sus dos hoteles; y Finca Eslava, con su gran piscina climatizada y su gimnasio. Se ofrecen en el gremio cada día servicios turísticos más diversos y de más calidad.

En los polígonos industriales de Antequera las actividades son muy variadas por su ubicación importante en Andalucía y por iniciativa de empresarios antequeranos. Tenemos en buena medida instalaciones de grandes empresas y la industria logística tiene cada día más importancia.

El desarrollo de las comunicaciones ferroviarias hace de Antequera un núcleo importante. Lo que no entiendo muy bien es por qué tenemos tres estaciones (Santa Ana, Bobadilla y Antequera) y no las tres refundidas en una. Habrá sus razones, que serán económicas; lo que ocurre es que muchas veces por no hacer las cosas bien desde el principio su problemática se hereda a perpetuidad. Lo lógico sería una gran y buena estación, concentración de todas las demás.

Siglos atrás había mucho ganado en Antequera porque había muchos pastos, teníamos muchas ovejas, pero esto es historia. Los terrenos se roturaron para ser cultivados hace muchos años y dotarlos de mayor actividad económica y desarrollar su potencial. Sin embargo, en nuestros escarpados la cabra antequerana tiene prestigio y futuro. Me gusta llamar así a nuestra cabra, más que malagueña, con todos mis respetos y cariño a nuestra capital de provincia.

Ahora, con nuevos tiempos, con cuatro polígonos industriales más el próximo en Bobadilla, Antequera se prepara para un prometedor futuro en el que las ideas, las nuevas iniciativas, son muy destacables. Si bien los polígonos deberían haber estado más lejos de la población y no en posibles futuras áreas residenciales vecinas de nuestros monumentos megalíticos, dejando un panorama feo al pie de la Peña de los Enamorados dentro de un contexto donde la industria en España cada vez es menor, bajando de forma continua. Pero este es otro asunto, del que podría dar mi opinión extensa aprendida con los años en mi profesión.

En el sector alimenticio es encomiable la actividad de ALSUR, marca muy reconocida por su calidad. Echo de menos fabricantes de porra antequerana (yo digo que el salmorejo es una copia de la porra antequerana, lo cual no gusta nada a los cordobeses) y resucitar nuestras marcas Ginebra Torcal y Anís Torcal, con sus maravillosas botellas. Con las aceitunas aliñadas que prepara Trini y que también se hacen en muchas casas de la ciudad, bien creo que habría que vender mucho la marca Aceitunas Aliñadas de Antequera, potenciando la marca Antequera en todas las actividades posibles para tener efecto imán y efecto locomotora. La marca Antequera, o «fabricado en Antequera», requiere una potenciación importante.

La ayuda fuerte al comercio local por parte de los antequeranos es vital, necesaria y fundamental, ahora mucho más, en estos tiempos de incertidumbre con la COVID de los que no sabemos si saldremos ni cómo.

7. Historia de las textiles antequeranas hasta 1900

En general, detecto una «leyenda negra» clara y nítida sobre nuestro pasado industrial, en la fabricación de mantas y diría que hasta en la actividad industrial en general. Según esta creencia, el mal hacer de los empresarios antequeranos (en definitiva, el desvío a la agricultura de los capitales, que más bien en parte fue lo contrario) y una serie de incongruencias dejan muy mal parado al empresariado pasado antequerano, al que se le tacha de anticuado, de no tomar medidas oportunas y de que, en definitiva, el abandono del sector textil en Antequera fue causa de su incompetencia, de su comodidad, de su dejadez… En fin, no sé cómo enunciarlo.

Esto es injusto y no obedece a la verdad histórica, sino que la necesidad, los pocos recursos de la población, la falta de recursos de esta, hizo de alguna manera que se arremetiera contra los pudientes, que vivían bien, achacando a los mismos todos sus males.

Evidentemente, los que podían vivir bien y no mal lo hacían, pero esto es humano y entiendo que natural en alta medida. Lo que no tiene sentido es el derroche y tampoco tiene ningún sentido que el que no puede gaste como si tuviese.

Pero, en definitiva, el empresario agrícola, ganadero, industrial y comercial lo que procuraba era hacer negocios, aumentar el tamaño de su empresa, como todos los del mundo, y ello conlleva la creación de riqueza. No creo que en una Antequera toda de pobres, sin actividad industrial, los acontecimientos hubiesen ido mejor ni mucho menos.

En esta tormenta no me refiero a la evolución del siglo XIX en su conjunto, sino también de buena parte del siglo XX. Los acontecimientos nacionales iban de mal en peor, en una cuesta abajo sin freno, salvo algunos lapsus de relativa tranquilidad donde parecía que las cosas iban a mejorar, pero no.

En el mundo es bueno que haya ricos, que haya grandes empresas, porque esa es la forma de que haya más riqueza y menos pobreza. En las zonas donde ello ocurre se ve claramente. Hoy día , con el alto IVA, los impuestos directos a algunos productos, por ejemplo gasoil y gasolina, así como el 30 % aproximado del beneficio de las empresas, la recaudación estatal permite muchas ayudas y el mantenimiento de buenos servicios básicos. Pero ojo, se está gastando más que lo que se ingresa por el Estado y no se habla de la asignatura principal, que es la economía, que si es buena es fácil la solución. La deuda pública crece y no sé dónde nos llevará. La historia de fatalidades y penalidades posiblemente no haya terminado. La historia futura nadie la sabe.

Leo que en Antequera la fabricación de mantas se llevó a cabo desde 1410, que fue el año de la conquista. Esto no es así, como iremos viendo más adelante. La industria textil antequerana es de mucho antes, se pierde en la noche de los tiempos, es de siempre. Desde época de los romanos ya se hilaba y tejía. Los árabes cuando llegaron a Antequera no fue una conquista, fue meramente una invasión donde se fueron integrando con los habitantes locales y donde poco a poco se pasó de hablar latín a hablar árabe. Con el paso de años y más años se pasó de la religión cristiana a la de Mahoma como profeta en los siglos que estuvieron aquí, hasta que estos y sus descendientes, los moriscos, fueron expulsados por los castellanos cristianos.

Con la conquista castellana aquí sí que hubo un punto y aparte, porque todos los habitantes de la Antequera árabe fueron expulsados, pero se seguía tejiendo, porque los castellanos que vinieron, lo mismo que en sus puntos natales, también tejían para sus requerimientos. No se podía ir desnudo por la calle y, además, había que abrigarse.

De la época árabe poco hay, todos los documentos fueron quemados y si alguno se salvó fue de milagro. Desde la conquista en 1410 (o mejor dicho, desde la conquista de Granada en 1492) ya no tenían objeto las murallas. Antequera empezó a crecer y planificarse por el llano, mucho más cómodo y mejor a todos los efectos, y fue creciendo como ciudad con construcciones de palacetes para la nobleza triunfante, conventos y capillas. Era totalmente una ciudad religiosa y mística, donde la Iglesia participaba de forma activa en la conquista.

Hoy, lamentablemente, poco a poco se cierran los conventos porque las monjitas o los curas no tienen para vivir. En fin, en el mundo industrial donde estamos creo que hacen falta ideas artesanales e industriales para que tengan sus propios ingresos los conventos y no pasen las penurias que me consta que en muchos casos están pasando. Y de ahí al cierre hay un paso. Hay en algunos conventos necesidades mínimas insatisfechas, carencias absolutas, graves, sobre todo en algunos. En mi opinión es necesario industrializarlos, que se fomente la producción y comercialización de dulces no ya a los vecinos, sino en cualquier punto, aplicando la venta *online* y algunas otras ideas que no tengo ahora, pero supongo que deben surgir, tales como el cobro de entradas y dedicarlos a actividad turística en cierta medida para mantener nuestro patrimonio tradicional y que puedan subsistir dignamente. En definitiva, hace falta generalizar, comercializar los conventos, buscar negocios para que permanezcan abiertos y no sean conventos cerrados como, lamentablemente, el de Madre de Dios, por citar un ejemplo clamoroso y triste, donde pasan los años y no sabemos ninguna posible solución, salvo la ruina de los edificios. Salvaguardar nuestro patrimonio y conservar nuestra historia es esencial y a nadie debe molestar. Y que el público la vea y la disfrute es algo incuestionable en la actualidad.

La lana como abrigo es antiquísima. La confección de textiles con lana igualmente. Por consiguiente, sale ya para la confección de tejidos muchos siglos antes de la era cristiana.

Las ovejas se domesticaron entre 9.000 y 11.000 años antes de Cristo porque constituían una fuente básica por su uso tanto de lana como de carne y de leche. El carnero es el macho, el borrego y la borrega son los jóvenes, como todo el mundo sabe, y las crías los corderos. Es el primer animal domesticado por los humanos.

Sus parientes salvajes tenían unas características que los hacían propicios para su domesticación como son la poca agresividad, un tamaño manejable o alta tasas de reproducción. Las primeras prendas de lana datan de 2.000-3.000 años antes de Cristo. La piel se curtía y se hacía como una especie de túnica. La oveja permitió al ser humano vivir en climas más fríos. En el Imperio romano se criaron ovejas a gran escala, que además servían para apaciguar a los dioses. Los romanos les ponían una chaqueta a las ovejas para que la lana fuese más brillante, limpia y de más calidad.

En el siglo X, Inglaterra y España tenían mucha importancia en Occidente en la producción de ovejas; los españoles obtuvieron buenos beneficios por la gran calidad de la raza merina.

Ya avanzando los siglos se creó la Mesta, que era la asociación de propietarios de ovejas de España, que controlaba en buena medida el sector en el siglo XVII. Mediante la trashumancia iban a donde había pastos, con amplios derechos legales que afectaban en muchas ocasiones negativamente a los locales. Tenían sus rutas (cañadas reales) para su movimiento y las ciudades y pueblos estaban obligados a permitir que las ovejas pastaran.

Era la lana una fuente muy importante de la financiación del reino. La exportación era un monopolio del Estado. Ya posteriormente, en alta medida empezó su descenso. Tuvo posteriormente su declive, con nuevas razas extranjeras y países competidores.

Las pupilas de los ojos de las ovejas son rectangulares, curiosamente. Ruego mirar atentamente los ojos de una oveja. Después ya me lo contáis. Es así.

Las ovejas necesitan mucha sal para no deshidratarse con el calor de la lana. La sal ante tanto calor que tienen le es fundamental porque disminuye la sudoración. Viven en rebaños para protegerse de los enemigos, pues ellas tienen pocas defensas.

Las ovejas son un poco tontas. «Eres más tonto que una oveja» es un dicho clásico. Si, por ejemplo, una oveja se tira por un barranco, las demás la siguen y se tiran también. Esto (por ejemplo, tirarse cien ovejas por un barranco y reventarse) es habitual, según me cuenta un amigo que tenía una explotación ganadera en el Torcal y que lo vivió. El hombre es ya muy mayor y la vendió para venirse a vivir a Antequera los últimos días de su vida.

En la sierra del Torcal desde siempre pastan ovejas y, desde luego, cabras, que están su hábitat natural. Es como se sienten a gusto las mismas, recorriendo escarpadas montañas. Las ovejas lo hacen también pero menos.

Muchos refranes de nuestro refranero se refieren a la oveja al ser un animal doméstico muy cercano a la población con el paso de los siglos. Me acuerdo de algunos que a veces he escuchado:

- Fue por lana y salió trasquilado.
- De la noche a la mañana pierde la oveja su lana.
- Unos tienen fama y otros cardan la lana.
- Aunque me veas vestida de lana, no soy una borrega.
- Hay quien mea en la lana y se escucha. Otros mean en una lata y no se les oye.
- Lana, puercos y trigo hacen al pobre rico.

- No quiebra la lana por delgada, sino por gorda y mal hilada.
- Quien tiene ovejas tiene queso, leche, carne, lana y pelleja.

Es la sabiduría popular traspasada de generación en generación.

La lana, que es el pelo de las ovejas, puede alargarse un 50 por ciento sin romperse. Se estima en 1.000 millones de ovejas las que hay en el mundo para obtener su lana. Cada diez habitantes hay una oveja. El primer exportador de lana es Australia. Cuando no interesan las ovejas para la producción de lana van al matadero.

La lana durante siglos se ha utilizado en cantidades ingentes, para textiles y mantas y para rellenar colchones. En las ovejas se utiliza todo: pieles, carne, leche como tal y como materia prima de quesos y su excremento como abono orgánico.

En Antequera en época árabe se hilaba y después se tejía con lana, pero para tejidos más finos se hacía con seda (acordémonos de la Moraleda, en tiempos árabes, para hojas para criar los gusanos de seda) y también algo se hacía con lino, pero esto se olvidó en el siglo XV, cuando llegaron los cristianos. Los mismos se decantaron totalmente por la lana porque la conocían muy bien y daba lugar a prendas menos sofisticadas, pero de más volumen.

Las ovejas solo consumen vegetales, que transforman en proteínas animales. Lo que ocurre es que hoy los materiales sintéticos tienen su base fundamental en el petróleo, que también procede de animales, pero con el desarrollo tremendo de la tecnología en los últimos tiempos ya empiezan a fabricarse variados productos sintéticos a partir de vegetales y hay menos dependencia del petróleo a la vez que son «más naturales». Fabricar proteínas de los vegetales.

En definitiva, se terminarán haciendo en fábricas los mismos productos que ahora aportan, generan o fabrican los animales, en alta medida, partiendo de productos vegetales. Es decir, fabricará la industria lo mismo que fabrica un animal.

Es decir, el hombre no dependerá en alta medida de los animales domésticos, pues los aportes de estos los hará en fábricas partiendo de plantas cultivadas. Le será más económico y moderno, porque el futuro va por ahí. No harán falta animales para producir carne; se harán por la industria las proteínas mediante procesos sustitutivos de lo que hacen los animales. Falta mucho por andar, no se ve límite. El desarrollo está en sus inicios. El futuro que no veremos será, más que probablemente, muy distinto y mejor. Mientras llega lo sensato, se cometen demasiadas insensateces.

La revolución digital, industrial y tecnológica en la que estamos inmersos de forma cada vez más acelerada cambiará el mundo, esperemos que, lógicamente, para mejor, con la inteligencia del ser humano.

Hoy día otros materiales sustituyen a la lana y, aparte, hay movimientos sociales en contra de la lana y del sufrimiento al que se somete a las ovejas. Realmente, el tema de maltrato animal acabará, pues quedarán pocos animales. No harán falta en alta medida los animales domésticos. Y supongo que nos cargaremos las corridas de toros, pero no el boxeo ni estas luchas modernas entre hombres o entre mujeres, cada día con más adeptos y en crecimiento. El destrozarse entre personas está permitido. Esto último, por lo visto, es un deporte; los toros es hacer sufrir a los animales. Estaría bien que los ecologistas fuesen en contra del boxeo.

En 1917 teníamos en España veintidós millones de ovejas. En 2018 había bajado a dieciséis millones y sigue bajando. Actualmente, la tendencia es a la baja. En España ahora por cada tres habitantes hay una oveja. Y hay unos treinta millones de cerdos y seis millones de vacas.

No obstante, sabemos que las grandes revoluciones industriales no liquidan un sector de forma total, sino que una parte minoritaria queda para mercados artesanos, cada vez más apreciados por el que pueda pagarlos, y que probablemente siempre hay un sector que utiliza sistemas fuera del suministro más generalizado. La generalidad no elimina la totalidad.

La magnífica iniciativa y puesta en marcha de la exposición «La industria textil antequerana» en el Henchidero, abierta al público desde 2014, hace que veamos en este centro de interpretación este sector industrial a lo largo de los tiempos y supone un espacio turístico de interés. Lo que ocurre es que está en un punto muy apartado. Creo que habría que ponerlo en el centro histórico de la ciudad y mientras convendría que estuviese señalizado al respecto para que tuviese el número de visitantes que se merece, a la vez que se impulsan las rutas de las antiguas fábricas, en las que sería necesario remozar la cartelería, ya un tanto deteriorada e ilegible en alta medida, y reacondicionar la zona, tema no pequeño.

Sabíamos que los árabes habitantes de la Antequera anterior a la conquista (y siempre hablo de conquista, porque no fue una reconquista; las cosas conviene tenerlas claras, siempre es bueno) tejían seda, lino y lana, pero todos fueron expulsados de la ciudad y se fueron para Archidona y desde allí, a Granada. De lo anterior a la conquista no queda, pues, rastro. La de antes la quemamos, se quemaron todos los libros que no fuesen cristianos. La documentación comienza a partir de finales del siglo XV, siendo lo principal la lana.

Después de la conquista se entró en una época de piedad religiosa tremenda: innumerables fundaciones, ermitas, parroquias, conventos y monasterios. Antequera fue una de las ciudades ejemplo de la cristiandad. Esta gran riqueza histórica es parte maravillosa de nuestro rico patrimonio y de nuestra historia. Me dan mucha pena las iglesias que fueron demolidas y sustituidas por bloques de pisos en época no tan lejana. La nobleza conquistadora, que había aportado soldados y dinero para la conquista, obviamente se repartió los terrenos. Entre otras cosas, para ello habían invertido y venido. Se construyeron palacetes y casas palaciegas. Ese es buena parte de nuestro patrimonio, que debemos conservar y enaltecer.

A mediados del siglo XVIII (se inicia en 1701) las personas empleadas en el sector en Antequera representaban el 10 por ciento del artesanado textil andaluz y en 1830 eran el 60 por ciento. La artesanía textil de Antequera era inmensa.

Según el censo de Floridablanca, en 1787 Antequera contaba con 20.266 habitantes, unos 6.000 en el sector textil, que complementaban con el trabajo agrícola. No eran industriales, eran artesanos. Por lo general, alternaban este trabajo con las faenas del campo, con un sueldo los que trabajaban por cuenta ajena de tres a cinco reales por día (después de la guerra civil, un real equivalía a 0,25 pesetas).

En 1765 se obtuvo el título de Real Fábrica de Lanas, Paños y Bayetas por Real Cédula de 10 de diciembre de ese año, por la que se otorgó la denominación de Reales Fábricas y el uso de las armas del rey. En otra, Isabel II eximió a los obreros textiles de la obligación del servicio militar para no restar elementos de producción y ayudar al desarrollo de la industria.

Realmente, las fábricas no eran tales, pues eran artesanos y cada uno hacía unas cosas, las diferentes fases productivas no se concentraban en un punto y en este privilegio inicial no figuran para nada las mantas. Realmente, no se fabricaban mantas en esos años, eran paños. Es decir, telas de baja calidad para vestidos vamos a llamar económicos y bayetas de limpieza con los restos de estos.

La concesión de Real era copiada de lo que hacían los franceses. Era, digamos, un tema que traía la Casa de Borbón de Francia y venía a significar toda una normativa. Yo lo comparo a algo en cierto modo similar, una denominación de origen. Eso sí, las oficinas y su personal eran por cuenta del Gobierno y suponía como ventajas:

- Se impedía la exportación de materia prima.
- Era una forma de exportar mejor producto acabado (y cobrar aduanas)

- Se impedía la importación de producto acabado.
- Se mejoraba, por tanto, la balanza de pagos.

En definitiva, se creó una arquitectura económica para proteger también la ganadería y se concedieron diversas Fábricas Reales a actividades muy diversas. Podían usar los distintivos de las armas de la casa real para dar empaque y *marketing*. Era, en definitiva, un sello de calidad.

Aparte de los motivos económicos del Gobierno, dentro de las monarquías absolutas de la época, que nada tienen que ver con las de ahora, las Fábricas Reales en la práctica solo eran un lugar de encuentro, vamos a decir un local donde reunirse y cambiar impresiones, pues cada cual andaba por su lado de forma totalmente dispersa. Aquí, si la memoria no me falla, las oficinas estaban en el actual Museo Municipal. Los administrativos y el personal de la misma sí que eran pagados por el Estado.

Sí estaban los gremios en toda su plenitud, fuertes y poderosos, y Antequera, con algo más de 20.000 habitantes en aquellos tiempos, era por población un lugar destacado en el *ranking* de número de residentes de las ciudades, incluyendo capitales españolas.

Cuando se logró el título de Real, en vez de concentrarse la actividad ocurrió lo contrario, aún se diseminó más. Cosas de la vida.

Las lanzaderas volantes empezaron a desarrollarse aproximadamente a mediados del siglo XVIII, sobre 1.750. Permitían mucha rapidez y hacer los tejidos mucho más anchos. Antes de estas fechas los telares eran manuales.

Los telares automáticos, que suponían un avance extraordinario, fueron inventados en 1801, en la Revolución Industrial, por José María Jacquad (Inglaterra) y alcanzaron una repercusión enorme. Tres o cuatro años después aparecieron las tarjetas perforadas, que, en definitiva, fueron las precursoras de los ordenadores. Los telares poco a poco sirvieron para cargarse la confección artesanal de siglos.

En cuanto a las lanzaderas volantes, hoy ya en las modernas una sola persona puede estar atendiendo varios telares, a la vez que la velocidad ha aumentado de forma extraordinaria y permite trabajar con fibras artificiales.

Los lavaderos, batanes y tintes estaban en la ribera; las perchas, en la plaza Alta; y los talleres tejedores, en San Juan y Santa María, en forma gremial. Cuando llegó la Revolución Industrial y las manos se sustituyeron por máquinas automáticas, vino el enorme problema: en alta medida, la mano de obra se sustituía por máquinas. Esto tenía como principal consecuencia paro, hambre y desolación.

Los hiladores y los tejedores son propios de muchos pueblos de España de forma tradicional. Incluso se llevaba en aquellos tiempos que los particulares entregaban lana a cambio de hilo, es decir, realizaban un trueque. La lana era como una moneda de cambio, un valor seguro en sí misma con importante actividad comercial en ventas en mercado nacional y a través de compañías exportadoras.

En 1755 había en Antequera 87 «fabricantes» y se disponía de 147 telares. El número de personas en total era de 848, según el Catastro del marqués de la Ensenada; pero, atención: estos 87 fabricantes o los censados como tales se entendía que eran fabricantes-artesanos de cierta entidad, no fabricantes industriales. No existía la maquinaria adecuada y no eran representativos del conjunto de la actividad. En fin, lo que llamaríamos pequeños talleres. Y los censos en estos temas eran más que relativos, pues se excluía a los cientos de personas que hacían trabajos artesanales en su casa y también se excluía en el recuento a mujeres y niños. Por tanto, esta información que sale por todos lados no debe usarse por lo dicho.

Antequera era una ciudad más dentro del mundo de las textiles en España. Entre otras teníamos a Guadalajara, Santo Domingo de la Calzada, Rubielos, Soria, Olot, Burgos, Béjar, La Sagra (Toledo) y dentro de Andalucía Écija, Bujalance o Baeza, por citar algunos con gran tradición textil. Había muchos centros laneros en España de importancia destacable. No era solo Antequera ni remotamente. Era una más en un concierto grande, y no de las primeras.

Esta fabricación artesanal de paños y bayetas, con numerosísima mano de obra en sus casas, presenció la llegada de la Revolución Industrial, ya entrado el siglo XIX, aproximadamente en 1830. (las hiladoras automáticas, los telares automáticos) y todo el conglomerado tradicional se desplomó con las secuelas subsiguientes. Esto no era consecuencia del empresariado, que todos eran muy pequeños artesanos, sino de la Revolución Industrial, iniciada en Inglaterra con fuerza, seguida de Alemania y Francia. España en alta medida estaba descolgada totalmente de la generación de tecnología en un siglo, el XIX, que fue totalmente nefasto para los españoles.

Los ingleses no solo hacían máquinas hiladoras, tejedoras y demás instalaciones para plantas textiles que exportaban, sino que se convirtieron en unos enormes fabricantes exportadores, concentrados en centros productivos donde vendían tejidos que reseñaban el número de hilos de forma falsa, pues tenían menos, pero a los que les daban, eso sí, un maravilloso acabado. Aquí en los controles de calidad a los fabricantes no se les permitía hacer fraudes y los acabados no eran tan buenos. Los precios de los ingleses y franceses eran más baratos y no se puso carga aduanera adecuada y alta. Permitimos competencia importada de más baja calidad, que aquí no se dejaba hacer.

El siglo XIX fue nefasto para los españoles desde principio a fin, como he reseñado, salvo alguna etapa más o menos tranquila. Empezamos el siglo con la invasión francesa. Cuando se les expulsó le pusimos al proceso bélico el mal llamado nombre de Guerra de la independencia. Más bien era una guerra de ocupación y de echar después al invasor (nosotros ya éramos independientes), con el deterioro económico y social correspondiente. Perdimos todo lo que nos quedaba en América, que era mucho, muchos países. Tuvimos epidemias y terminamos en 1898 con la pérdida de Cuba y Filipinas después de poco a poco haber perdido las colonias sin estudiar al menos vínculos para buenas relaciones comerciales. Un siglo lamentable en la historia de España, que continuó en el siglo XX, que también fue nefasto hasta culminar, para colmo de los males, con nuestra guerra civil y sus años posteriores.

En 1821 el sector textil en Antequera, con 5.700 personas, estaba a punto del colapso por la aparición de máquinas industriales. No era para nada competitivo artesanalmente, con todo manual, y vino la industrialización que se inició en el mundo. Los viejos sistemas gremiales cayeron y dieron paso a la industrialización, que se inició por esas fechas de forma continuada.

El total de la población de Antequera en esta fecha era de 17.300 habitantes. Una tercera parte trabajaba en el sector textil, si bien no todo el año y era alternado con el campo. Entre una cosa y otra, tenían trabajo casi todo el año. Todo esto cayó a mediados de 1850. Fue vamos a llamar el colapso total. Se habían inventado en Inglaterra las máquinas de tejer y de hilar automáticas y el mundo global textil entró en una nueva fase, donde antiguos sistemas artesanales eran sustituidos por máquinas de mucho rendimiento, lo cual creaba paro inexorablemente.

La crisis estaba servida porque cientos de trabajadores en España dejaron de tener trabajo. La ruina y el hambre reinaban en un país ya muy empobrecido y sin tecnología ni industria destacable.

Cuando cae la artesanía, en Antequera no ocurre lo mismo que en muchas ciudades de España, donde lo hace para siempre. Antequera, sin embargo, es un punto donde aparece la industria. Surgen una serie de empresarios, siendo los adalides los hermanos Moreno (naturales de Mollina), que crearon una industria nueva, una fábrica de mantas y bayetas. Nunca se habían hecho en Antequera las mantas, ni siquiera artesanalmente. Era como el ave fénix, renacer sobre las propias cenizas. Esto no lo hubo en las demás ciudades y esto no se cuenta.

Esta industria nueva absorbió parte de la mano de obra de los artesanos tradicionales de paños y bayetas. Evidentemente, solo parte, pues no era posible la totalidad.

Vamos a ver, no es que el terrateniente antequerano no cuidara la fabricación textil en Antequera y de ahí el colapso, como dice la leyenda negra, sino que simplemente en Antequera había muchísimos artesanos de tejidos, muchos pequeños, y la Revolución Industrial se cargó su trabajo al sustituirlo por otros automatizados.

Las palabras terrateniente y latifundista se aplican mal. Es ello para los que tienen tierras sin producir, cosa más que rara. Yo, andador de campo, no la he visto. Cuando una explotación agrícola está bien llevada, como ocurre hoy día en la práctica generalidad, no es lógico el empleo de palabras un tanto despectivas para referirse a lo que son simplemente empresas agrarias bien organizadas. Y diría que muchas, por su grado tecnológico, totalmente encomiables, lo mismo que las grandes empresas de cualquier otro sector. Y con una parcela pequeña de campo, pues no se subsiste.

E insisto en que en Antequera, en vez de desaparecer las textiles y ya está en el siglo XIX, surgió un movimiento que, como todos, requería unos líderes, que fueron los hermanos Moreno. Un movimiento industrial que ellos iniciaron con fuerza e ilusión y muchos copiaron, siguiendo a estos pioneros.

Los hermanos Moreno se atrevieron también a hacer textiles de algodón o a intentarlo, algo que ya empezaba con fuerza en Cataluña. Invirtieron y montaron una gran fábrica, pero entre que las turbinas compradas en Inglaterra no fueron las adecuadas, que el algodón que venía de América tardaba demasiado y que de puertos andábamos mal y de carreteras peor, en aquellos tiempos tuvieron que dejarlo con un buen agujero económico, que recompusieron con actividades industriales como una gran fábrica de harina de las más modernas de Andalucía.

Para esta industrialización de mantas teníamos los antequeranos un factor esencial: energía hidráulica. No teníamos energía eléctrica, pero se contaba con el río de la Villa o Madrevieja, como aquí muchos le llaman, y una serie de molinos harineros, que se cerraron casi en su generalidad porque habían surgido también modernos molinos donde no se molía con piedra, sino con novedosos cilindros eléctricos de alto rendimiento. Pero no en Antequera, donde no teníamos electricidad.

Teníamos una infraestructura que podía ser aprovechada. No había electricidad en Antequera, pero teníamos energía hidráulica y la misma venía como anillo al dedo para las fábricas de mantas, que necesitan energía y mucha agua. Y alrededor de ello surge la industrialización antequerana con mucho ingenio. Los molinos de harina nuevos y modernos nacen posteriormente, cuando llega la electricidad a Antequera y ya dentro de la ciudad, y se adecuan las fábricas de mantas de la ribera con electricidad para aquellas máquinas, que le es interesante, mientras que previamente se habían cerrado como molinos harineros debido a la Revolución Industrial mencionada. Se construyen edificios fabriles para dichas industrias en la ribera.

En 1860 ya se había hecho gran parte de la nueva industria, en muy pocos años y con las inversiones correspondientes, pero esta alegría en la producción de mantas, como todas las aventuras empresariales, está sujeta a muchos avatares. En poco tiempo se invirtió mucho y no había bancos donde pedir créditos; se recurría a sociedades prestamistas o a ventas de otros activos para invertir en la industria, que fue lo más frecuente. Se elevaron edificios de fábricas en la ribera del río de la Villa, que realmente ha sido desde siempre, hasta época reciente, nuestro polígono industrial de la antigüedad.

En 1870 ya se observa que el sector va en recesión por el descenso de la demanda; por una competencia emergente, básicamente catalana, la cual obtiene una serie de prebendas que los antequeranos no reciben; por las importaciones inglesas y francesas y por la bajada del consumo. En 1858 se inicia la regresión, incapacitada Antequera para competir con otros centros de tradición lanera (Sabadell y Terrassa). Se para la inversión, pero sigue, por supuesto, funcionando lo que había y mejorando en lo posible. La rentabilidad baja de forma ostensible, haciéndose mínima. Lo que no se hace es construir fábricas nuevas. Sencillamente, no se observaba panorama adecuado y es lógico.

Sobresale José Carrera al frente del hilado, que monta una fábrica (fábrica La Juanona). En aquellas décadas de mediados del siglo XIX la precariedad en el trabajo era grande, los salarios eran bajos y no existía ningún tipo de seguro ni de paro. Había realmente hambre y una gran parte de la población vivía o sobrevivía en precarias condiciones. En términos humanos, la situación de la inmensa mayoría de la población era crítica, como en general ocurría en España, en crisis de todo, situación que continuó durante buena parte del siglo XX. Tener trabajo en una fábrica de mantas era una bendición. Era poco lo que se ganaba, pero estar en casa sin ningún ingreso era peor, de modo que había mucha alegría en los que conseguían trabajo y las fábricas tenían mucho personal. Era la manera que el empresario tenía de colaborar con la sociedad.

La historia de la manta antequerana puede verse así:

- Inicio y crecimiento: 1833 a 1850.
- Expansión industrial: 1850 a 1870.
- Crisis: 1875 a 1900.
- Mercado exterior: 1900 a 1910.
- Primera Guerra Mundial: 1910 a 1920.
- Mantenimiento: 1920 a 1955.
- La fibra sintética y final: 1956 a 1976.

140 años de historia de mantas.

De las norias de cangilones nos quedan dos, menos mal. Una está en la escuela del Henchidero y otra, en la rotonda del polígono industrial, a la altura del Restaurante Lozano. Son, sin duda, dos muestras históricas del esplendor industrial pasado.

El cambio a mantas fue debido en gran parte a Juan Moreno Moreno, quien ensayó por vez primera la fabricación de mantas. Estamos hablando del inicio de la segunda mitad del XIX, un siglo, como ya se ha comentado, que fue muy convulso y malo en España. No estábamos en el tren de desarrollos tecnológicos un tanto desaforados; las máquinas de vapor o motores de vapor fueron un tanto la antesala de la energía eléctrica, pero en España teníamos poco carbón y, en cierta medida, nos incorporamos a los mismos un poco tarde. A ello hay que sumarle unas comunicaciones infernales, la pérdida de toda la Iberoamérica hispana, epidemias, una economía por los suelos o el hecho de que con la derrota en la batalla de Trafalgar prácticamente nos quedamos sin flota. Una época bastante lamentable en la historia de España, aunque ello no quita que hubiese momentos brillantes en todos sus ámbitos.

8. La fabricación de mantas en Antequera en el siglo XX

El presente es una consecuencia del pasado. No es que los andaluces seamos más o menos trabajadores, que lo somos y mucho, pero Andalucía es una tierra conquistada, cuyos habitantes anteriores tuvieron que marcharse de la misma. Quedó un gran solar con casas desiertas, con monumentos repartidos entre los conquistadores de lejanas tierras, con malas comunicaciones. Como es habitual, el dinero llama al dinero y las zonas más atrasadas es difícil que reciban las prebendas.

Pero es una autonomía maravillosa, con clima y gran potencial. Ya los potenciales no necesitan siglos para cambiarse, lo hemos visto en China. Se trata de generar riqueza y apoyos gubernamentales y en pocos años se transforma un país.

En esto las comunicaciones tienen mucho que decir. Sin infraestructura no hay industria, turismo ni casi nada. Por ello, cuando se abandonó el proyecto de vía de alta velocidad entre Sevilla y Antequera y cuando de Antequera a Granada se ha dejado una sola vía poco se le quiere a Andalucía, que necesita buenas comunicaciones y trenes rápidos, incluyendo un moderno ferrocarril a Almería (y que esta no quede descolgada y más vinculada a Murcia, por ejemplo) y a Algeciras, en el extremo de Europa.

Andalucía necesita el desarrollo industrial que no tiene, para lo cual hay que apoyarla y que no se vean los polígonos químicos como un problema, sino como una ventaja. Lógicamente, con todas las normas medioambientales que corresponda. Hemos cerrado plantas de fosfórico en Huelva por problemas de contaminación y lo importamos de otros países que contaminan más que nosotros. Se tiene terror a cualquier instalación química, cuando las mismas son base de desarrollo y tecnología.

Y así, poco a poco, realmente el polo químico de Huelva ha dejado de serlo. No se apoya a la industria química, se la combate. Es la conclusión de mi experiencia larga: lo que no sea ecológico debe desaparecer, aunque sea destrozando nuestra riqueza y puestos de trabajo, y también el paisaje con esos enormes molinos de viento para energía eléctrica en la costa gaditana.

Hubo a principios de siglo la suerte de que el propietario de la fábrica de Calle Higueruelos y su diseñador, un alemán, tenían contactos con una empresa exportadora internacional con sede en Hamburgo y sirvió el señor Regel Dietrich como puente de enlace con la misma y con los demás fabricantes antequeranos, que así, a través de esta empresa alemana, exportaron a numerosos países. Esto salvó las ventas hasta que se inició la Primera Guerra Mundial y la empresa alemana comentada dejó de operar. Estos diez años fueron salvados por las exportaciones gracias a los contactos en Alemania del señor Regel.

En Antequera, concretamente en 1910, se crea la Liga Industrial de Antequera con un intento de poner precios de venta unificados, lo cual (llegar a acuerdos de precios) entonces no estaba prohibido. Pero está claro que estas cosas no sirven, no en este caso, sino en general. Estas cosas no funcionan. En poco tiempo cada uno tira por un lado y siempre son competencia, a no ser que haya solo dos o tres en el mercado. Cuando hay varios concurrentes un acuerdo de precios es inviable, lo sé bien.

De 1914 a 1920 tuvo lugar un importante crecimiento del consumo de mantas por la Primera Guerra Mundial; lamentablemente, las guerras activan empresas y después vienen tiempos más difíciles, con la economía rota. Y las mantas de Antequera duran muchos años.

En cuanto a las integraciones entre empresas en el sector textil, es bastante evidente que para tener una empresa fuerte y competitiva en situación de crisis o de competencia alta ha de ser la empresa grande. Las sinergias hacen que se disminuyan costos y al final lo que importa es el resultado. La gestión es buena si los resultados son buenos, lo demás son filosofías. Si la empresa es pequeña está al socaire de ser tirada por cualquier viento.

Los resultados buenos sirven para reforzar la propia empresa, sirven para crecer y que los accionistas tengan una remuneración adecuada, por lo general siempre discreta. Evidentemente, si los beneficios se reparten en su totalidad o buena parte, no se crece. Y si no se crece en una empresa, mal va, se condena su futuro. Esto lo saben todos los empresarios. Otra cosa es que personas que no son empresarios se dediquen a los negocios y ocurre lo que ocurre, que sean un tanto especuladores sin conciencia, por decirlo de alguna manera. En todos los sectores hay una minoría que daña mucho a la mayoría pacífica. Estas minorías nocivas, en cualquier ámbito de la sociedad, perjudican mucho a su sector.

En las grandes compañías las fusiones son trágicas pero sencillas. La fusión, en definitiva, por lo general trae aparejada menos costes de personal. Hoy día los despidos se procuran paliar con alternativas variadas, tales como jubilaciones anticipadas y otras medidas que no lastimen demasiado al personal, medidas cada vez más sociales. La fusión de empresas, aprobada en definitiva por la junta general de accionistas, la ordena el consejo de administración, se nombra a un responsable de ello y se realiza.

Pero esto en empresas pequeñas es más que difícil, es casi imposible. Si, por ejemplo, son seis quiere decir que cinco empresarios tienen que dejar de serlo y convertirse en accionistas y que el negocio lo lleve otro. Aquí ya intervienen muchos factores personales y es difícil renunciar al trabajo habitual de forma voluntaria, es casi imposible. En mi trayectoria profesional he visto y observado como movimientos en temas de este tipo, que económicamente y desde el punto de vista de mercado deberían ser, no se hacen por la razón indicada. Somos humanos.

Ocurre lo mismo con las cooperativas: se unen formando una de segundo grado, pero cada una sigue con su independencia en la mayoría de los aspectos, salvo en la comercialización, por ejemplo, lo cual hace que con el tiempo haya muchos de los mismos que entran que jamás lo harán, pues quieren seguir con su poder personal, con su liderazgo. Si en una cooperativa de segundo grado algunos de los socios importantes deciden salirse de la misma, crean un problema grave en una organización prevista para repartir el gasto entre todos.

Lo lógico es que si hay dos cooperativas en un mismo pueblo se fusionen, incluso también con las del pueblo vecino, pero claro, es más que difícil que en las empresas pequeñas, en las cuales ya es imposible. Y es más difícil por protagonismos personales de directivas, cuyos cargos dejarían de serlo en caso de fusiones. Despojar a un señor de un cargo, cuando es el único que tiene, es más o menos dejarlo en pelotas, sin nada que hacer en el mundo.

Sería posible, fácil, hacerlo con dos si uno quiere, pero esto es ponerse en manos del otro y, por tanto, generalmente no progresa. Si son varios el tema cambia, pero no llega a hacerse la integración por lo mucho a lo que hay que renunciar.

Los acuerdos de precios o de sectores hoy están prohibidos por la Comunidad Europea, que hace todo lo posible para garantizar la libre competencia, pero antes no ocurría esto. Los acuerdos del sector está claro que a lo mejor, salvo alguna excepción, fracasan. La historia así lo viene diciendo. En general, en prácticamente todos los sectores, salvo alguna excepción que confirma la regla, si todos están de acuerdo en el precio yo, que estoy diciendo que también, vendo solapadamente algo más barato y hago mi agosto. No es serio, pero sí es rentable.

Con un sector como el textil en crisis, en Antequera se iniciaron dos proyectos. Uno fue el de Hymasa y posteriormente, bastantes años después, ya finiquitado este, terminadas las mantas de lana y con el desarrollo de las de fibra artificial, el de Hilansa.

Donde está la exposición textil tuvo su sede Hymasa. Era donde el diverso personal de las fábricas que la integraban iban a cobrar el sueldo. No sé si eran las oficinas centrales, sí que allí se cobraba el sueldo en efectivo, como era de rigor en aquellos tiempos.

Hilaturas y Mantas Antequera S. A. (Hymasa) se creó en 1934 y agrupaba a:

- Manufacturas Rojas Castilla.
- Hijos de Daniel Cuadra o fábrica del Henchidero.
- León Checa Palma.
- Laz, de Bernardo Laude Álvarez.

En los anuncios en prensa de la época figura su teléfono, el 191. Agrupaba, pues, las fábricas del Henchidero y la de Laz (Laude).

Hymasa se diseñó con mucha ilusión y era una fusión. Con un volumen alto de producción, trataba de potenciar la industria, modernizarla y tener un catálogo más amplio, con hilos para labores domésticas, tejido de lana para trajes, abrigos para señoras y otras prendas. En definitiva, una empresa grande formada por la fusión de cuatro, con proyectos amplios.

Pero los tiempos fueron peor que malos; la guerra civil y la posterior depresión económica, así como la falta de mercado y de los recursos financieros que necesitaba, hicieron inviable el proyecto y la empresa fusionada no tuvo más remedio que romperse, disolverse y que cada uno intentara subsistir como pudiera. La guerra civil española sirvió en cuanto a mantas para mantener la actividad en una industria en esas fechas militarizada.

Los vientos no hicieron que las velas se llenaran y fuese el barco más rápido. Los vientos fuertes en la cara hacían que el barco no pudiese avanzar, porque las circunstancias no podían ser peores.

No pudieron soportar la recesión tras la guerra y el proyecto se fue a pique. El mercado nacional se había encogido; no se vendía ni aquí ni en el mercado internacional. A los pocos años de terminada nuestra triste guerra empezó la Segunda Guerra Mundial y el mercado se reactivó bastante, las fábricas producían sin parar.

Después de ello, ya pasados los años, apareció un nuevo enemigo más que peligroso, terrible: la fibra sintética, que desplazaba a la lana de forma inmisericorde. Esto no tenía solución; las mantas de fibra eran mucho más baratas, más ligeras y bonitas. La muerte de las mantas de lana era indiscutible, las mantas de lana estaban sentenciadas. Después de muchos siglos la humanidad dejó de comprar mantas de lana.

Los fabricantes antequeranos cierran porque no pueden competir y algunos de los que siguen, que ya son pocos, deciden unirse para crear de forma conjuntan una fábrica de hilados con fibra y estos hilos de fibra utilizarlos en sus fábricas. Así, después de no pocas reuniones se decide crear una nueva empresa, que es Hilansa (Hilaturas Antequera).

Hilansa puso sus instalaciones comprando la antigua fábrica Laz, que estaba cerrada de los señores Bouderé. Cuando empezó Hilansa ya no había nada, eran solo naves. Hilansa desde el momento que empezó a funcionar era para producir hilo de fibra.

Saliendo del barrio del Carmen por la calle Niña de Antequera, que es el nombre de hoy, desde el mirador se ve la fábrica bien y en el tejado ponía «LAZ» hasta hace poco, que se ha renovado la cubierta. En esa fábrica estaba Hilansa y era donde trabajaba Manuel Salazar. En una nave se hacía el hilo y en la misma nave estaban las dos perchas también. Como había naves libres, para aprovecharlas pusieron una granja de gallinas y se murieron todas. Parece que cuando entra una enfermedad en un gallinero barre el mismo. Manuel Salazar se acuerda de que en Melilla, en la mili, era asistente de un teniente que tenía gallinas. Un día llevó dos gallos que le habían regalado y se murieron todas las gallinas. Los gallos venían picados. Las gallinas las tenían para el gasto de la casa.

El que fue alcalde de Antequera Francisco Ruiz fue el administrador de Hilansa.

En 1942, cuando se inicia a trabajar Manuel en la fabricación de mantas, había doce industrias y el total de personas estimado era de 1.500. La mecanización había aumentado, pero después de la guerra era una época de total crisis; las ventas eran mínimas y los precios, bajos. Además, las exportaciones eran nulas. Por tanto, la competencia era feroz y los resultados económicos daban lo justo para sobrevivir y esperar tiempos mejores.

Manuel Salazar era feliz con su trabajo, «aunque el sueldo era escaso; se cobraba semanalmente, pero era una felicidad llevar el dinero a casa para poder tener lo básico o elemental para comer la semana siguiente». Las mantas continuaron fabricándose cuando ya en España, en general, la industria textil, salvo en Cataluña y Valencia, había cerrado.

Hilansa empezó a funcionar a principios de diciembre de 1967 y desde el primer día Manuel Salazar empezó en la misma de perchero, como siempre, experto y más en su profesión.

Los socios de Hilansa hacían el hilo en esta empresa y se lo llevaban a sus respectivas fábricas, donde lo tejían y posteriormente llevaban los trozos (rollos de nueve a once mantas sin cortar) a Hilansa de nuevo para «sacarles el pelo» en las perchas. Se trataba de minimizar costes y ser más competitivos. Después, vuelta a las fábricas de los socios para ribetear las mantas con fina tela de seda, envasarlas y venderlas. Se ve un sistema laborioso, pero era la mejor solución de entre las que podían efectuar en una época llena de incertidumbres. Además, la distancia entre ambos conjuntos fabriles era muy corta.

Los socios fueron cerrando de forma unilateral. Por muchas cuentas que hacían, no se ganaba y se perdía. Quedó ya al final la fábrica del Henchidero, de Miguel Muñoz Avilés, y finalmente tanto esta como Hilansa se cerraron de forma conjunta y coordinada a finales de 1967.

Aquí se terminaron las fábricas de mantas en Antequera, tras una lenta agonía y mucho más tarde que en todas las demás localidades de España, excepto las modernas fábricas de mantas, poderosas y potentes, en Levante y Cataluña, pero de fibra. Había un refrán: «Las paduanas se han cargado a las antequeranas» al estar cerca de fábricas de materia prima, de puertos y con buenas comunicaciones. A estas también después les llegó su declive, y desaparición en alta medida, con la aparición de los edredones y la importación asiática.

Según dicen, los edredones son los que están rellenos de fibra artificial y los que llamamos «nórdicos», con plumón. Lo que llamamos edredón y lo que llamamos nórdico no viene de Finlandia, sino más bien de China, por ejemplo.

Se miden por el gramaje. Evidentemente, los plumones pesan bastante menos. Los de fibra suelen ser de cien a 350 gramos por metro cuadrado. Son ligeros, pero no tanto como los nórdicos de plumón.

Además, ya te los venden antialergénicos, antiácaros y preparados para que este carácter no se pierda con los lavados. El gramaje de cien gramos es más propio para climas más cálidos. Hoy lo que ocurre es que cada día inventan fibras sintéticas de mejores propiedades. De todas formas, el plumón, que es además producto natural, de momento es lo mejor y como dura tanto tiempo no creo que merezca la pena ahorrar mucho en estos temas. La diferencia no es tan cuantiosa.

Hoy ya, con los edredones o con los nórdicos, mantas se usan más bien pocas o casi ninguna. Además, las colchas suelen utilizarse para decorar la cama y se quitan de noche. También están desapareciendo porque la funda del edredón hace también de colcha.

Los fabricantes de colchones, en cierto sentido, también se han convertido en fabricantes de edredones para ir cubriendo los requerimientos de las tiendas de «descanso». En esto hay que tener cuidado, pues ahorrar en un colchón puede suponer que no descanses en toda tu vida. En fin, un buen colchón, un buen edredón y un estupendo sillón anatómico son tres inversiones delicadas porque de ellas depende parte de nuestra felicidad y su amortización es a largo plazo.

Dormir bien y descansar bien es esencial para estar al 100 por cien al día siguiente. Lo dice uno que, con problemas de insomnio, se levanta hecho pedazos generalmente, sin haberle podido dar arreglo hasta ahora a pesar de los muchos intentos. Bueno, esto tiene la ventaja de que puedo bien escribir de noche eterna. He estado en mi vida en algunos hoteles con colchones y nórdicos de alta calidad. Bueno, parece que dormir es otra cosa. Creo que el mundo irá con el tiempo a colchones de alta calidad. No valen seiscientos euros los de matrimonio, sino a lo mejor 6.000, pero es mejor esta compra que otras muchas cosas.

Así pues, va pasando la vida, el mundo va evolucionando y la zona de la ribera, el antiguo polígono industrial de Antequera, empezó a abandonarse. Ya no es necesaria la energía hidráulica, la eléctrica la ha sustituido con potentes motores; el acceso a la zona es malo para los grandes camiones que hoy imperan; los grandes edificios quedaron sin uso alguno; la maravillosa red de acequia lateral o «cao» para mover las ruedas de los molinos ha quedado abandonada y destruida en una parte y en otra en este proceso de demolición por abandono. Es el camino a la pérdida total del recuerdo fabril.

En algunos edificios se han puesto granjas de gallinas, ya cerradas. No sé si queda alguna. Hoy las modernas son automatizadas e impresionantes. En otros se han habilitado apriscos para guardar ganado y en alguno que otro, junto a la carretera, se han hecho ventas o restaurantes, también en algún caso viviendas. Otros edificios se desmoronaron poco a poco. Por fin, de otros quedan solo cimientos.

Hubo en su momento, al tener agua, piscinas de acceso al público de explotación privada para hombres, como la piscina Jerónimo, donde más de una vez fui a bañarme con un agua más fría que en un congelador. Había también otra piscina en otro sitio para mujeres. Ya hace muchos años. En la actualidad están cerradas ambas. Todo cambia, hay otras alternativas.

Y así se ha convertido el bello paisaje en otro triste, rememorando un pasado brillante. Habría que actuar para su recuperación, para que no se construya indiscriminadamente, para hacer un plan integral de recuperación de la ribera, porque desde el punto de vista turístico es ideal, un sitio fresco y apartado entre montes, con edificios de las fábricas de antes. Sería magnífico recuperar el «cao» con su agua, sus saltos de la misma y alguna que otra noria en funcionamiento. Es un sueño, pero a veces los sueños son lo primero para hacer realidades después. Esto depende no del equipo gobernante, que también y fundamental, pero es necesario el apoyo de la población.

Pero si las cosas no se pueden hacer porque no hay dinero, al menos haz planes para cuando sea posible ejecutarlos. Ya sabemos que el futuro no viene, sino que se construye, y que el futuro es de quien sabe adelantarse.

En ese siglo XX, en el que tantas desgracias ha habido, continuación del lamentable, penoso y horrible siglo XIX. Después, a partir de 1960, vino la mecanización de la agricultura. Ocurrió, en cuanto a trabajo, que la mecanización del campo vino a sustituir la mano de obra tradicional artesana agrícola por máquinas automáticas y el ganado mular por tractores cada vez más potentes. De haber la mitad de la población laboral o más (creo que aproximadamente el 60 por ciento de la población activa) trabajando en el campo, en la actualidad tenemos el 3-4 por ciento debido al desarrollo de la tecnología. ¿Quién iba a pensar esto hace años?

En vez de segar a mano, se hacía por máquinas segadoras, la siembra con máquinas y no manual, etc. Todo ello produjo un paro tremendo, máxime en Antequera, una ciudad sin industria y sin turismo. Lo que teníamos era agricultura. Este pase de la agricultura artesanal a la industrial era más que obligado; de otra forma, el campo era pura ruina. No había otra alternativa que modernizarse y eso es paro y paro.

La pérdida de miles de puestos de trabajo en la agricultura no solo afecta al personal del campo, sino también al del comercio, al de los pequeños negocios. Miles de antequeranos tienen que salir de nuestra ciudad; no tienen más opción y salen con todo el dolor de su corazón, dejando atrás su querida tierra, a la que nunca dejan de añorar, con el miedo en el cuerpo de ir a sitios desconocidos con un porvenir totalmente incierto, en muchos casos con idiomas que no conocen y costumbres diferentes a las que se ven obligados a adaptarse.

Quizá de los 35.000 habitantes que estimo que pudiera haber en 1960 salieron no menos de 12.000 hacia Sevilla, Madrid,

Valencia y sobre todo hacia Cataluña, Francia, Alemania, Suiza y Australia, por citar los principales destinos. Echaron allí raíces, no pudiendo volver la mayoría y añorando a su Antequera.

A partir de 1980 comienza ya otra etapa en Antequera donde se crean polígonos industriales, quizá tardíamente. Hay una evolución agrícola cada vez más moderna y un remozamiento de la ciudad muy importante.

Pero la historia no se acaba nunca. Ahora estamos en una época en la que los robots entran en las máquinas, las máquinas se robotizan, se hacen más eficaces, con menos averías y alta producción. Una cadena de producción robotizada lo hace todo y el personal que requiere es mínimo. Con ello se busca simplemente menor costo, más competitividad en la guerra de mercados imparable. Respecto a las industrias más grandes, acabo de leer que una empresa surcoreana (recordemos que Corea es un país pequeño y dividido) hace ochenta millones de teléfonos móviles al año. Hemos de alegrarnos mucho de que las empresas españolas crezcan y sean internacionales. Cuando leo otras cosas de personas que piensan lo contrario me entra tristeza. Esto es elemental, procurar que el grande sea más grande, siempre que sea español.

Ahora no está el problema acabado. Estamos en otra época de incertidumbres después de la crisis de 2008, que tantos negocios se llevó y donde la banca salió muy afectada, aunque hay que puntualizar que básicamente no la banca privada, sino la que procedía de algunas cajas de ahorros, ya que cuando hablamos de ello es como si hablásemos de que ha sido la banca privada.

Habíamos empezado a recuperarnos, pero viene ahora la crisis de 2020, que vamos a ver qué nos depara. Desde luego, nada bueno. No sabemos cuánto durará ni los que quedaremos vivos, no sabemos cuánto podrá aguantar nuestra exhausta economía con un déficit económico importante, no sabemos si pueden venir recortes de miedo. Habíamos aprendido muchas cosas, pero es muy difícil luchar contra virus, que no son siquiera seres vivos, sino moléculas con características demoniacas. Vamos a ver dónde vamos, nadie lo sabe. Todos estamos pendientes de una vacuna.

El bajón industrial en España en los últimos años es muy importante, porque del 20 por ciento del personal laboral que ha ocupado no hace mucho se ha pasado al 13 por ciento. Esto la media en España; en Andalucía seguro que la industria ocupa mucho menos que el 13 por ciento de la población laboral, estamos en mínimos. Ya menos que tenemos en Andalucía es realmente difícil tener. Esto es un talón de Aquiles muy importante para nuestra región.

No parece que tenga visos de mejorar la industria, que además está teniendo una fortísima modernización de robotización, de la que he venido siendo testigo directo durante una larga parte de mi vida laboral. Máquinas que necesitaban seis personas se sustituyen por otra que necesita una y produce el doble, además de estar digitalizada o robotizada, por lo que tiene poquísimas averías.

Siempre que hablo de esto se me dice: «Sí, es verdad, se pierden muchos puestos, pero se crean otros muchos nuevos de otro tipo». Sí, sí, eso es verdad, pero creo que se pierden cinco y se crea uno. Y además la población crece exponencialmente.

Por ello, cuando oigo por parte de políticos que van a crear no sé cuántos puestos de trabajo sonrío escépticamente, ya que los puestos lo crean los empresarios y no está el horno para bollos, pues encima son atacados. No hay clima adecuado para la creación de empleo actualmente. Habría que hacer un cuestionario a los empresarios para preguntarles si piensan aumentar o disminuir plantilla a nivel nacional y ver el resultado. De momento, en vez de crecer disminuye de forma continua, sin ningún pico de remonte. Los más afectados son los que más tenían, Cataluña y País Vasco, quizá la base de muchos problemas.

El problema de la poca industria en España es bastante preocupante y de salida no fácil y de muchos años. Y clima de apoyo industrial yo al menos no veo. En mi trayectoria profesional más bien he percibido lo contrario, a veces me ha dado la sensación de ser un enemigo. La ecología, los permisos, las mil normas, la presión ciudadana ante cualquier incidencia hacen que, si ya en sí una empresa es una carrera de obstáculos, crearla sea otra. Ante este panorama yo creo que los empresarios no se ven nada motivados y muchos desisten y se dedican a otros temas que no les den tanto dolor de cabeza. Hace poco he leído el caso de una planta para embotellar agua. Después de años de un largo recorrido administrativo y con la obra empezada, debido a la presión ciudadana la empresa ha desistido y se ha ido. Nadie quiere vivir en un mundo de problemas (empresa de agua en el término de Antequera, si bien la presión ciudadana ha sido de otros municipios).

Un problema grave que creo que se avecina en los años venideros (seguramente no inmediatos, pero sí dentro de unos años) es con el olivar y es consecuencia también de la evolución permanente de este mundo. Hoy día, cuando el grado tecnológico cabalga desaforadamente en una carrera vertiginosa, las modernas plantaciones de olivo, tanto intensivo como superintensivo (o en seto), hacen ver el olivo de otra forma. Las modernas plantaciones, si bien requieren una alta inversión, después tienen unos costos productivos muy reducidos respecto al olivar tradicional (y no te digo ya el de montaña). Esta diferencia de costos en un mundo competitivo hará que el precio del aceite baje, lo que en definitiva pondrá a muchos olivareros al pie de los caballos, como cultivo un tanto ruinoso, salvo los que tengan modernas plantaciones. Tengamos en cuenta que el problema puede ser muy grave en Andalucía, donde en una tercera parte de la superficie agrícola el cultivo es el olivo.

El problema aparecerá, a no ser que la demanda global mundial crezca de tal manera que permita un aumento de precios que sirva poder subsistir a los que tienen poca producción y además alto coste por no poder aplicar mecanización moderna. Pero como de toda sobra más bien y se hacen nuevas plantaciones en muchos países, el olivar puede pasar de ser un cultivo refugio, como hasta ahora, a ser fuente de un problema. Es una opinión basada, vamos a decir, en mi experiencia profesional. Las modernas plantaciones hacen no viable al cultivo tradicional, pero lo que no se puede es no poner plantaciones modernas, cuando todo el mundo va por ahí, y seguir anclado en el pasado. La modernización del olivar la tenemos encima y de moderno hay poco. Tenemos una crisis descomunal con el olivo a pocos años vista, que afectará en mucho a poblaciones andaluzas cuyo único recurso prácticamente es este. Tendrán que transformarse las viejas plantaciones en otras modernas, lo que requiere fuertes inversiones, fuerte endeudamiento. No le veo otra alternativa. Es una adaptación complicada, costosa y no siempre posible. Otra opción sería cambiar a otro cultivo, aunque no sabemos cuál. Hemos de viajar mucho, ver cultivos en todo el mundo y ver cuáles nuevos podemos poner en España. El agricultor debe convertirse en empresa de transformación del producto listo para su venta. En definitiva, empresas agrícolas grandes. Un sitio al que copiar es Murcia, donde existen modernas empresas agrícolas tecnológicas con diez o doce fincas, plagadas de técnicos y de inversión industrial. Se adecuan al futuro.

Ahora Antequera, sin industria, empezaba a emerger con el turismo tras la declaración como patrimonio mundial cuando la dichosa COVID nos da este palo, que no sabemos dónde nos llevará y veremos la forma de que Antequera tenga una alta actividad turística, logística, por supuesto agrícola y vamos a ver si industrial, esta última bastante más difícil.

Hemos tenido en Antequera, agraciadamente, una sucesión de buenos alcaldes y eficientes equipos de distinto signo, pero todos unidos por su gran amor a Antequera. Es una alegría que nos haya ocurrido y nos esté ocurriendo ello.

Nuestra industria turística volverá por sus fueros. Es un sector que estaba iniciándose con fuerza en Antequera debido a su belleza como ciudad, a su patrimonio cultural y, sin duda, al impacto publicitario generado al ser declarado Patrimonio de la Humanidad el eje Torcal-Menga-Peña de los Enamorados. Todo ello abre muchas esperanzas de crecimiento importante en esta área. Vamos a ver si el turismo se recupera o se perdió temporalmente, por un tiempo de cierta importancia. Seguro que soplarán buenos aires, seamos positivos. La industria turística es una clave importante de nuestro desarrollo futuro y el cuidado de nuestro patrimonio, aunque sea nada más que para ello, es esencial.

Por otro lado, en cuanto al comercio tradicional, hemos de unirnos y apoyarlo ante la avalancha de grandes superficies y cada vez más compras por internet, lo cual es una forma moderna de ayudar a nuestros vecinos, de querer a nuestros paisanos. De Antequera han de emerger, del comercio tradicional, empresas de ámbito muy amplio.

Ocurre hoy es que estamos mucho mejor organizados. El Estado cobra mucho de IVA, un 30 por ciento de los resultados de las empresas, impuestos directos a los combustibles, etc., fondos con los cuales poder afrontar jubilaciones, asistencia médica... Ahora bien, estamos gastando más de lo que ingresamos y pidiendo créditos a estados extranjeros con superávit. Vamos a ver dónde vamos y si la deuda no nos asfixia, que es el camino que vemos.

No sabemos si, tras el confinamiento obligado por la COVID, se ha impuesto un nuevo estilo de vida de no salir a la calle y de inhibición del gasto ante lo que pueda pasar, así como un aumento de consumo de televisión cuantioso en pantallas cada vez más grandes, de mejor sonido y más económicas, que sustituyen al cine y a los viajes sin salir de casa. Con el teletrabajo nada de lo que va a pasar se sabe, como no se ha sabido nunca. Es curioso, pero las comunicaciones nos encarcelan en nuestros domicilios.

En fin, los antequeranos hemos de ponernos las pilas, como siempre hemos hecho, para que Antequera lidere avances. Seamos positivos, tengamos esperanzas fuertes. El ser humano en general, salvo excepciones de seres malévolos, cada vez es más humano, será más tolerante y comprensivo, solidario y mejor y todo funcionará porque el mundo va evolucionando continuamente a mejor. Eso sí, con muchos tropezones.

Continuemos centrados en nuestro libro de mantas nuestras mantas, orgullo antequerano a través de los tiempos. Ver en la manta la pequeña etiqueta de tela cosida al ribete con el texto: «Manta de Antequera» es signo de calidad. Pienso humildemente que convendría, al menos en un taller, reverdecer y que no se pierda para el turismo la célebre manta de Antequera. Tenemos una marca que hemos de potenciar y no perder.

9. Industrias de la ribera a través de los tiempos

Para ver su contexto lo más claramente posible, ofrezco los números en cuanto a instalaciones conocidas desde el nacimiento del río de la Villa y a lo largo de su curso, que están situadas junto a la ciudad. He visitado la zona de las fábricas para la compilación de datos de este libro en diversas ocasiones, he paseado y preguntado lo que he podido para situarme y hacerme cargo mental de la situación, he leído, he navegado por internet y, por supuesto, he contado con la base fundamental de Manuel Salazar, en mi opinión una de las personas más preparadas sobre este tema por haberlo sentido en vivo y en directo, con una memoria envidiable, además de encomiable. Sin él, posiblemente, se habría perdido la posibilidad de un gran arsenal de información de nuestra historia industrial. Con él ha sido posible que no se pierda en el olvido infinito, para alegría de todos.

Sí quería indicar que a lo largo de 2020, año en el cual se ha escrito este libro y se ha compilado la información que contiene, muchas personas han manifestado un interés muy grande por el mismo y por el tema que aborda. En Facebook, por ejemplo, he leído diversos artículos, he recibido informaciones muy diversas, algunas contradictorias. He procurado, dentro de lo posible, ser lo más realista que he podido, pero seguro que hay alguna que otra imprecisión y seguro que hay personas muy destacables que no figuran y cosas que faltan porque que no las sé. Tengan en cuenta que he vivido casi siempre fuera de

Antequera. Ruego que se me disculpe, pues solamente puedo decir que lo he confeccionado y recopilado lo mejor que he podido. Eso sí, me he puesto como fecha límite para terminar de escribirlo el 8 de noviembre de 2020 y enviarlo sobre la marcha a la editorial ExLibric, porque si no es así estos temas no se acaban nunca y se hacen eternos.

1. Antiguo molino de García-Berdoy. Estaba muy cerca del nacimiento de la Villa. Dicho molino fue de harina en su momento. Hoy solo he podido identificar algunas ruinas que sobresalen poco por el suelo. Se ubica antes de llegar al lugar de donde mana el agua del nacimiento, a unos cien o 150 metros a la izquierda, en el caminito. El recinto en aquella zona, mediante la instalación de un lago y zonas verdes, se ha habilitado como lugar de descanso dominguero de familias, generalmente con niños pequeños, que allí juegan y se entretienen. Muy cercano y aparte se encuentra un *camping*.

En las ruinas del antiguo molino, propiedad del Grupo Berdoy, tenían ganado, cabras concretamente, que pastaban en las estribaciones de la sierra del Torcal y subían a una parte de la misma autorizada para ello.

Las cabras escalan paredes prácticamente verticales, son incluso capaces de subir por la pared de una presa o a la cima de los árboles, por lo cual podían subir a alimentarse, en las estaciones oportunas, porque son unas magníficas escaladoras. Tienen un equilibrio tremendo, es una maravilla de la naturaleza el equilibrio que tienen y la falta de miedo ante los precipicios.

Es la provincia de Málaga de una alta población en cabras, unas 200.000 de la muy conocida cabra malagueña. No sé cuántas de ellas se ubican en Antequera; sé que en el poblado de La Joya hay bastantes, que pastan en la sierra del Torcal, en la zona asignada para ello, al menos en determinadas épocas. La frase «estás como una cabra» se debe a que las cabras, como ya se ha reseñado, hacen cosas inverosímiles, increíbles.

La cabra malagueña da una alta producción de leche, del orden de quinientos litros al año. Es rubia, de piel fina y, sin duda, la mejor raza de España. Se está potenciando el queso de cabra de Málaga y un plato exquisito, el chivo de Málaga. Creo que deberíamos potenciar marcas como «chivo de Antequera», «queso antequerano de cabra» y el plato de «chivo a la antequerana». Hemos de hacer más marca Antequera.

Al molino viejo, lo que hoy son ruinas, se le llamaba El Cortijo, ya que dejó de usarse como molino, perdido en los tiempos, y se convirtió en un lugar donde se metían las cabras. Allí había un camino cerrado con cadenas.

Saliendo a la carretera que va a Villanueva de la Concepción para ir al nacimiento de la Villa, antes de llegar por el camino a donde el mismo gira a la izquierda, había una vivienda, que ya no existe, donde vivía el encargado de la finca del Grupo Berdoy. Lo que no sé son las dimensiones de esta finca ganadera, situada en las estribaciones de la sierra del Torcal y antes de llegar a las ruinas del molino comentado. Además, recuerdo que me comentó José García-Berdoy Carreras que había una zona donde tenía permiso para que pudiesen ir las cabras mediante el pago de un canon. Recuerdo que algunas veces me habló sobre el tema allá por el año 1966 aproximadamente en las oficinas de Cuesta de los Rojas, llamada Oficina de la Cuesta. Por cierto, se me informa de que, agraciadamente, el inmueble sigue con el mobiliario y la decoración que existían en aquellos tiempos (y en aquellos tiempos ya era antiguo). Fácilmente tiene un siglo, es una joya. Recuerdo que la cuenta de las cabras difícilmente salía en aquellos tiempos; no eran rentables entonces, ahora no lo sé.

En alguna ocasión recuerdo ver al casero o encargado ir a la oficina antes mencionada a cobrar su sueldo y el de los cabreros y cambiar impresiones sobre los aconteceres de dicho ganado con la propiedad.

2. Antiguo Molino Blanco. Hoy es un restaurante con este nombre y además es un museo abierto con alta densidad de herramientas agrícolas y otros enseres muy curiosos de bastante antigüedad. La recopilación de los mismos fue efectuada durante años por don Antonio Carmona, verdadero coleccionista que con ganas y paciencia ha podido compilar tantos objetos curiosos, en su mayoría de hierro, y además no guardados, sino exponerlos para el disfrute de todos. Sin duda, un bonito legado. Es digno de ver, es un atractivo muy importante para los que nos gusta la historia y no solo el presente y el futuro, sino conocer cómo fuimos. Ya no caben más objetos, está atiborrado. Habría que hacer un amplio museo con ellos en alta medida, de la agricultura antigua y el mundo rural, con más espacio y explicando los mismos.

La nave grande fue antes la marmolera que fue instalada aquí. Antes estaba en el Molino La Torrecilla con poco espacio.

Del Molino Blanco, gracias a ser un establecimiento, se han mantenido las instalaciones, cuyas raíces son de muchos siglos atrás, de época árabe. No fue fábrica de mantas; siempre fue molino de harina y ahora es un restaurante. Es estupendo que los edificios no caigan y se reutilicen; no obstante, creo que hay una parte inaccesible, diremos sin restaurar o sin tocar, que eran las instalaciones históricas. Es lo de siempre, necesita inversiones de cierta entidad. He de volver a visitar el mismo, lo que hoy es restaurante, que es nuevo. Las ruinas del molino están colindantes.

3. Antiguo Molino Los Álamos. La actual y muy conocida Venta Los Patos era el Molino Los Álamos. Esta identificación por parte de Manuel me da, pues, cierta alegría. Convendría poner un cartel explicativo en esta muestra histórica y que cada edificio tuviese su cartelería con su historia.

4. Fábrica La Cañada. Conviene tener en cuenta que La Cañada y La Juanona, aunque una enfrente de otra y situadas a pocos metros, eran fábricas diferentes, cada una con su rueda o noria; si bien es verdad que, al ser ambas del Grupo Berdoy, en los últimos años se acomodó cada instalación a tareas concretas, por lo que figura en algunos casos como núcleo fabril Juanona-Cañada. Pero esta no es la historia, sino acontecimientos de concentración industrial y sinergias avanzado el siglo XX, lógicas y razonables. Es sin duda una instalación muy importante, buena parte de la cual está en ruinas.

Según he leído, a final de siglo XIX había allí una importante cantera, que perduró posteriormente. En ella un mineral característico era el cuarzo azul. En el Instituto de Geología de

Málaga hay, por lo visto, una sala-museo Juanona con muestras de los minerales de allí y mucho escrito al respecto.

Los montes a cuya falda estuvieron las fábricas de mantas son muy ricos en cuarzos. Recuerdo como, cuando niño, íbamos en grupos al cerro de San Cristóbal en busca de cuarzo. Casi nunca volvíamos con los bolsillos vacíos. Este mundo del cuarzo y Antequera bien mereciera una asociación, los «amigos del cuarzo», para poner en valor su riqueza mineralógica. Es Antequera un mundo de historias, de leyendas y secretos, muchos de ellos todavía sin desempolvar o, al menos, no escritos o muy poco.

5. Fábrica La Juanona. En La Cañada estaban los batanes y en la otra nave, La Juanona, se encontraba todo lo demás, menos los telares, que estaban en calle Higueruelos. Las tres fábricas mencionadas, más la de los Remedios, eran del Grupo Berdoy por vía de herencia, ya que un García-Berdoy se casó con la heredera de La Juanona y posteriormente otro García-Berdoy hizo lo propio con la heredera de la fábrica de calle Higueruelos.

La rueda o noria de La Juanona es la que está, de monumento, en la rotonda del polígono industrial.

Lógicamente, al tener el Grupo Berdoy cuatro fábricas no dejó a cada una como independiente con todo el proceso, sino que acumuló las diversas fases en núcleos para alcanzar más producción y tener menos costo, obligación de todo empresario que quiera evolucionar.

Edificio de La Juanona en la actualidad, 2020.

Junto a la carretera que va de Antequera a Villanueva de la Concepción, pocos metros después de pasar la Venta El Conejo, a la izquierda, hay un puente de obra para salvar el río y se ven dos edificios: uno a la izquierda de la entrada y otro a la derecha. Quedan algunos paredones en difícil equilibrio, con riesgo, por lo que pienso que no tienen mucho porvenir como no se acuda pronto. La cancela está cerrada. Un coche para y el conductor abre la cancela. El edificio de la derecha era la vivienda del encargado; el de la izquierda, la fábrica La Juanona. Enfrente estaba la fábrica La Cañada, hoy desaparecida.

Iba con Trini. Aparqué y pregunté a un hombre que estaba abriendo la puerta:

—Señor, ¿es esta La Juanona?

—Sí, efectivamente, esta es La Juanona. Yo vengo porque tengo aquí unos perros.

—¿Y esa nave metálica que hay en los edificios en dirección al Pueblecillo? —Así es como algunos antequeranos llaman cariñosamente a Villanueva de la Concepción, población segregada de Antequera como municipio independiente, cosa que lamento en mi forma de ser y sentir, pues creo que siendo grande se es más fuerte.

—Es para guardar las ovejas que pastan por aquí —me contestó.

—Aquí solo hay montes difíciles de escalar —le dije.

—Sí, pero las ovejas son un poco como las cabras. No tanto, pero muy parecidas. Suben por cualquier lado. Tienen una agilidad enorme.

—Muchas gracias.

Yo esto no lo sabía; siempre he visto las ovejas en llanos y no suben a la sierra a comer. Allí hay un aprisco para resguardar las ovejas de las inclemencias del tiempo y de los depredadores.

El río de la Villa pasa delante de La Juanona, con su murmullo continuo. La Juanona había sido antes un molino, el Molino de La Juanona. Parece que su nombre viene de un nombre árabe de fonética similar. No he logrado informarme de por qué ese nombre.

Al otro lado de la carretera, frente a La Juanona, no hubo casas. Allí llevaban piedras grandes y había un molino de piedra que las trituraba para hacer las carreteras.

El grupo mantero Berdoy tuvo una vida muy larga, casi toda la de este sector, desde 1856 a 1965.

6. Antiguo Molino Los Cubos. Fue un molino de harina más bien pequeñito, ubicado muy cerca de La Juanona en dirección de la bajada de las aguas del río. Hoy son unas ruinas. Todo ello a la derecha de la carretera de Villanueva de la Concepción con dirección a Antequera.

7. Molino El Pintado. Le llamaban el molino de Pedro; en su momento fue molino de harina, nunca fábrica de mantas. Tiene una cascada muy bonita y hoy es un salón de bodas y eventos que solo abren para los mismos. Se llama Sala de Eventos La Cascada, la cual es espectacular.

8. Fábrica de hilados Hijos de Ramón Granados. Junto al Molino Íñiguez (1850-1970). Este forma parte de las mismas instalaciones de Íñiguez, tienen la misma puerta de acceso y forma parte de la instalación mencionada.

9. Máquina Íñiguez. Antiguo Molino Íñiguez, conocida como Máquina Íñiguez. Allí se refugiaron durante la guerra civil Manuel y su familia, asustados por los bombardeos. Ello fue debido a que su padre era amigo del portero. De allí salieron al Molino El Pintado y como entraron muchos heridos se fueron al Pueblecillo (Villanueva de la Concepción). Era de don Isidro Ramos y fue de los últimos que quedaron. Un hijo, José, un año mayor que Manuel, se casó con una hija de la propietaria de Mantecados La Antequerana (esta instalación se inició sobre 1840 por don Juan Ramos). Íñiguez es de los Ramos, del que se casó con la hija de los propietarios de la fábrica de mantecados

La Antequerana. Los padres de Ramos vivían en la Cuesta de los Rojas. Hoy se me comenta, pero no con seguridad, que al parecer es un almacén de congelados.

10. Núcleo fabril Hermanos Moreno. El historiador Cristóbal Fernández nos dice: «El genio emprendedor de los hermanos Moreno dio principio a la fábrica de hilados, funcionando esta fábrica de las primeras». Fueron los primeros en pasar de artesanía a industria. Moreno Hermanos se funda en 1833 como fábrica de hilados y de tejidos de lana. Eran de Mollina y fueron los primeros, los grandes impulsores, durante los años 1833-1852. José Moreno Burgos, en 1853, fue el primero en fabricar mantas en Antequera. Fabricó la primera manta.

La fábrica, que se conoce como fábrica Moreno, se dedicó después a la fabricación de harinas y está junto a la Venta El Conejo, establecimiento de mucho éxito los fines de semana. Hay que ir a la venta porque ofrecen comida casera de calidad y a buen precio. Son muchos los que van, como ocurre, por lo general, en las ventas y restaurantes de aquella zona.

La fábrica Moreno fue un campo de concentración. Volvían de la guerra y después los liberaban. Delante de la fábrica va el río de la Villa, que como ya hemos dicho se conoce como Madrevieja en el argot popular de los del lugar. No sé su nombre correcto, pero es así.

La fábrica Moreno, en sus momentos de gloria, era un lugar que era visita obligada para las personalidades que visitaban Antequera. A reyes y ministros se les llevó a visitar la misma como modelo de industrialización, como punto relevante de la actividad industrial y del desarrollo de la ciudad.

Delante de la fábrica Moreno, al otro lado de la carretera, estaba la Venta Antequera. Hoy quedan sus ruinas. Era una venta pequeñita pero muy frecuentada, según me comenta Manuel, el cual por motivos de salud no puede moverse de casa y de la vista está fatal, con la visión en un ojo perdida y con el otro a la mitad. Sin embargo, de mente y lucidez es un número uno.

Situándose en la puerta de la fábrica de cara a la carretera, delante hay una edificación muy deteriorada. Era una casa de peón caminero, en la que vivían dos peones y sus familias. A la izquierda hay un arroyo y después del arroyo, la histórica Venta Antequera, ya solo sus ruinas.

Me insiste Manuel sobre la Venta Antequera. Yo siempre me había fijado en la puerta principal, hoy actual, de la fábrica Moreno, ya en el carril que va desde la Venta El Conejo al Henchidero, que es un paseo muy bonito. Pues bien, la fábrica Moreno tiene otra entrada, en la carretera que va de Antequera a Villanueva de la Concepción, y delante de esta sí hay un recinto pequeñito en ruinas. Era la Venta Antequera, donde los empleados de las fábricas cercanas, además de los que por allí pasaban, iban a tomar una copa de vino o algún refrigerio. La otra entrada, la que está en el carril entre la Venta El Conejo y el Henchidero, a pocos metros de la mencionada venta, debe de ser un acceso relativamente nuevo, que tiene un puente para sortear el «cao».

Allí se hicieron dos fábricas dentro del mismo recinto. Uno de los hermanos se dedicó a hacer una partiendo del algodón.

Estamos hablando de mediados del siglo XIX. Visitó Inglaterra y compró la maquinaria, pero tuvo muchos problemas en su instalación, cosa que les ocurre a los pioneros. Las turbinas (en vez de norias) que compró en Inglaterra no le funcionaban; por otro lado, traer algodón de Estados Unidos y llevarlo hasta Antequera era un problemón. Ya desesperado, dejó el proyecto y puso una fábrica de harina, una potente fábrica de harina para fabricar con cilindros, que fue en su momento de las más modernas de Andalucía. Dentro del recinto había otra fábrica, del otro hermano, que en este caso funcionaba como fábrica de mantas de lana.

11. Huerta Carmona. La finca es actualmente propiedad de mis cuñados José y Juan García Varo. En las escrituras viene con el nombre de Huerta Carmona y tiene una extensión de 32.000 metros cuadrados, entre dos escrituras. Actualmente, lo que hay allí son gallinas y algún que otro animal doméstico, no con fines industriales, sino meramente caseros. En general, las fábricas de la ribera no tienen solo el edificio, sino los terrenos circundantes. Es un molino que no aparece identificado en lo que leo. Allí había una vaquería, de Gabino el de las vacas, que sus herederos la vendieron a mis cuñados. A lo mejor siempre se ha entendido que allí no había molino, pero la instalación es de un molino. Lo que no sabemos de momento es ni el nombre. Creo es desconocido ello. Está entre la Máquina Iñiguez y La Cruz.

También en este sitio fue donde se inició la primera industria de fundición en Antequera. Después fue trasladada a Capuchinos.

12. Fábrica de hilados La Cruz. Funcionó entre 1851 y 1973 y fue una de las últimas en desaparecer. Un cuñado de Pedro

Gutiérrez (cine de calle Estepa, ya cerrado, antiguo Cine Ideal) tuvo la fábrica La Cruz, según se me comenta.

Es fácil de identificar. Se ubica en la carreterilla entre San Juan y la Venta El Conejo. Es un edificio junto a la carretera, a la izquierda, y encima de la puerta hay una cruz de mármol incrustada en la pared, de un metro de altura más o menos. El edificio tiene, agraciadamente, un buen aspecto. Hoy es domingo, 23 de febrero de 2020, y hay coches y personal en él, se ve en el patio interior. Está permanentemente habitada. Es muy bueno que estos edificios estén cuidados al estar habitados, porque ya sabemos que deshabitados es cuestión de tiempo que se conviertan en ruinas.

Echo de menos un cartel en la puerta explicando lo que es y lo que significó el edificio. Necesitamos más carteles, necesitamos conocer la historia. Un edificio sin cartel no dice nada, no explica nada. Es necesario conocer más de los sitios para quererlos más. Allí hay un cartel de la ruta de las mantas, pero no especifica explicando dicha fábrica, que es a lo que me refiero. Además, en idioma inglés también.

El último propietario de esta fábrica fue Juan Mellado Rodal y su razón social era Mefama (Mellado Fábrica de Mantas). Estuvo integrada en Hilansa o, mejor dicho, fue accionista de Hilansa y se abastecía de esta el hilo de fibra sintética.

Hoy es propiedad de Miguel Melero, que vive en ella junto con su señora. Lleva viviendo allí más de cuarenta años y la tiene muy bien cuidada y limpia. Años atrás tuvo una granja avícola. Ya por edad y porque sus hijos han tirado por otras profesiones, dejó la granja y vive en la misma enamorado del paraje, me comenta, disfrutando de su entorno y de su espacio y dando largos paseos por la ribera.

Se componía de un edificio principal paralelo a la ribera, con el molino y la vivienda adosados en la zona este de la fachada del edificio y las naves posteriores situadas al sur del conjunto.

13. Molino La Torrecilla. Es conocido como la marmolera. Allí hubo una escuela, donde estuvo recibiendo clases Manuel Salazar antes de la guerra. Después pusieron una marmolera, ya que esta industria necesita mucha agua. Al cortar la piedra, para que la sierra no se caliente y se funda, se aplica mucha agua, por lo menos antes. Ahora, con el desarrollo tecnológico, seguro que no. La marmolera después la pusieron en un sitio con más espacio, concretamente en lo que hoy es Restaurante Molino Blanco. Está entre La Chafarina y La Cruz.

14. Fábrica de mantas La Chafarina y de San Vicente Ferrer (el nombre de San Vicente Ferrer lo desconoce Manuel Salazar). Es, o debe ser, muy antigua. Se la conoce actualmente como La Chafarina y a San Vicente se le ha olvidado.

Esta fábrica se abrió en 1850 y se cerró en 1960. Pertenecía a los Hermanos López y fue una de las más grandes y longevas del textil en la ciudad de Antequera. Luego la compraron los hermanos Miranda (de la tienda de calle Calzada Almacenes Santa Cruz). Cerró por las fechas de la de Isidro Ramos. No fueron socios de Hilansa (la marca era Mantas Magus).

El antiguo molino allí ubicado se llamaba Las Caldererías. Estaba formado por dos edificios: uno donde se fabricaba el hilo y otro donde estaban los telares manuales.

Es un nombre enigmático Chafarina. No sé qué significa, pero sé que junto a Melilla hay tres muy pequeñas islas españolas, las Chafarinas. Debe de ser un nombre árabe o derivado del mismo. Están junto a La Maquinilla. Por otro lado, chafar significa aplastar. Quizá de ahí proceda el nombre por los batanes antiguos.

15. Fábrica de hilados La Maquinilla. Sobrevivió en la ribera del río casi un siglo, de 1869 a 1965. La Maquinilla, con rueda, ardió en la guerra, pero se recompuso. Las fábricas, me comenta Manuel, eran casi todas iguales, salvo La Maquinilla, que fue la más pequeña. Realmente solo era un Batán. Vivian allí los porteros y por la parte de abajo estaba el batán.

En fin, aunque está considerada como fábrica independiente, lo cierto es que está totalmente unida a La Chafarina y con esta forma un conjunto industrial de los mismos propietarios. Formó parte de Hymasa y también de Hilansa.

16. Fábrica de hilados León Checa Palma. De 1840 a 1960. Dentro del conjunto o área del Henchidero, si vamos desde Venta El Conejo al Henchidero, antes de llegar al edificio bonito de la escuela de hostelería, vemos junto a la carretera la estructura metálica, como si fuese una nave, de lo que fue un gran centro de transformación eléctrica de la zona, ya desmontado. Este centro eléctrico se ve claramente, pues existen las ruinas de un molino y tiene parte de la infraestructura de este.

En las oficinas de la exposición textil don Manuel Salazar conoció al señor León Checa, que era en esos momentos administrador de los señores Bouderé.

17. Ruinas del antiguo batán. Enormes paredones detrás del museo textil. No tengo más información, no la he visto. Sin duda, debe de ser bastante antiguo. No tengo identificados más nombres de este.

18. Fábrica de hilados y tejidos de lana Daniel Cuadra. El Henchidero. De 1843 a 1973/74. Dentro del conjunto fabril del Henchidero nos encontramos con cuatro instalaciones, que de alguna forma me ha costado entender o comprender. Esta instalación la vendió el señor Cuadra a don Miguel Muñoz Avilés y es donde hoy está el Museo Textil, después de importantes obras de rehabilitación. Agraciadamente, se ha podido recuperar.

En el Museo Textil son de agradecer las donaciones de antequeranos para enriquecer el mismo. Ocurre que quizá al estar fuera del casco de la población es muy poco visitado. Sería bueno trasladarlo al centro de la ciudad, a un de edificio histórico que esté libre, como, por ejemplo, el antiguo Hospital de San Juan de Dios, que en buena parte está disponible. O se podrían reubicar servicios actuales. Es mi opinión sin haber estudiado ello a fondo, a título de idea. Es un museo para ser visitado y allí está demasiado aislado, se está desperdiciando su potencial.

El Henchidero era molino de harina y allí empezó Vicente Robledo, que fue el que siguió en la industrialización a los hermanos Moreno con la instalación de una fábrica de mantas. Lo heredó Romero Robledo, el político, que lo vendió para invertir estos fondos, junto con capital de su señora, en acciones de la azucarera que él promovió.

Mari Carmen López Benítez me comenta que su marido (hijo de Juan Muñoz) le cuenta mucho de las fábricas de mantas, de cuando él era niño e iba por estas. Cuando se casaron los tíos de su marido, le regalaron dos estupendas mantas.

19. Manufacturas Rojas Castilla. Desde 1837 a 1969. La marca Maroca son las iniciales de Manufacturas Rojas Castilla. Hace unos años encontraron en casa del dueño, muy bien envueltas, letras de cerámica que ponen: «Casa fundada en 1837». Estas letras están colocadas hoy encima de la puerta interior o zaguán de un edificio público.

Rojas Castilla compite desde Antequera con el Levante español al adaptar nuevos tejidos a la tradicional forma de producción, según reseñaba un anuncio en la prensa de los años 40 de la marca Mantas Maroca.

Sus primos son los de la tienda de tejidos de calle Estepa, que es uno de los tres o cuatro establecimientos más antiguos de la ciudad, con una larga trayectoria en el mercado textil. La fábrica de Rojas Castilla es donde está ahora la escuela de hostelería.

Gonzalo Ruiz Rojas estuvo trabajando allí de gerente hasta su cierre. Me comentó que en 1960, más o menos, el número de trabajadores en fábrica rondaba los cien. Allí la lana se compraba ya limpia. En total tenían diecisiete telares. Él viajaba mucho con otro señor por gran parte de la península vendiendo mantas.

Gonzalo Ruiz Rojas es un conocido empresario, que después de esta actividad fue pionero en otros ámbitos, abriendo caminos, por ejemplo, en la instalación de riegos por aspersión mediante una empresa en Antequera. Es muy destacable su biografía de empresario, desde que fue gerente de Rojas Castilla, así como sus largos viajes por buena parte de España vendiendo mantas. Por supuesto, ha venido desarrollando un importantísimo papel en la Cofradía del Socorro, más que destacable. A su actuación le debe la cofradía muchas cosas y pasará, sin duda, a su historia. Probablemente, a este empresario se le deba el hecho de que la iglesia no cayera demolida por la picota y que además se levantaran unas instalaciones actuales dignas de la ciudad. Gonzalo ha hecho muchísimo por el patrimonio antequerano por suerte para los demás ciudadanos, entre los que me encuentro. ¡Gracias, Gonzalo!

La fábrica de Rojas Castilla tenía la mayor rueda (es decir, noria) de toda Antequera. Sus dimensiones eran gigantescas. Ya con los años, la reparación era más que costosa en una época de declive del negocio de forma clara, lo cual hacía que hubiese falta de algunos cangilones de reparación extremadamente costosa. Ello tuvo como consecuencia que, ya al final, las máquinas internas no trabajasen de forma continua, sino que tenían brevísimas interrupciones en su funcionamiento. Había que cambiarla, pero debido a su muy alto costo no llegó a hacerse. Estaba la fábrica en plena agonía, más que negocio era lo contrario y no se podía mantener más. Por muchos esfuerzos que se hicieron, finalmente se desmontó lo que hoy posiblemente sería una joya industrial histórica, pero este concepto, la conservación de equipamiento industrial, no existía en esos momentos. No en Antequera, sino en general. El concepto de monumento industrial es nuevo. Antes la industria no se valoraba para nada en este campo.

Mi amigo de Facebook Francisco José González Mesa me comenta que su padre, que era conocido como Facultades, fue el último en salir de Manufacturas Rojas Castilla y que le unía muy buena relación con Gonzalo Ruiz Rojas. A raíz del cierre la familia se fue a trabajar fuera de Antequera. Francisco José me comenta que guarda una manta con primor y que cuando venga a Antequera la traerá para entregarla al museo.

20. Fábrica de hilados Argüelles. Eran dos hermanos, Juan y José (rubio y moreno, respectivamente). La mujer de Miguel Muñoz Avilés era hermana Argüelles. Los conoció Manuel Salazar antes de 1942. El padre tenía una tahona en calle Pasillas. Uno de ellos, José Argüelles, era muy amigo de mi padre. Le recuerdo muy bien; persona muy agradable y entrañable, siempre la tengo en mi memoria con su sonrisa amiga. Lourdes Argüelles, descendiente, es una emprendedora única e incansable

21. Lavaderos. En estos lavaban los ciudadanos cercanos de la plaza del Carmen sus ropas, ya que en Henchidero había otros lavaderos, donde lavaban los habitantes del barrio de San Juan. Eran lavaderos públicos donde iban las mujeres cargadas de ropa para lavar y después volvían a casa con ella. Duro trabajo en un lugar que a la vez era, podemos decir, un club social, donde intercambiaban información entre ellas. También había quien animaba y cantaban y reían. Era un duro trabajo, como duros eran los tiempos, y procuraban evadirse lo mejor posible. Manos hechas polvo, estropeadas con el gran esfuerzo, sacrificadas desde que el sol salía por la mañana hasta bien entrada la noche, esforzadas y magníficas. Mientras, el hombre se iba a las «cuatro esquinas» para ver si le salía trabajo para cobrar la peonada. Años difíciles, de carencias. Años muy duros, muy lejanos a los regalados que en muchos casos viven la juventud de hoy, pero de aquellas generaciones esforzadas salió y se forjó la España de hoy.

22. Fábrica Puerta del Agua. Solo queda el solar. Allí había una fábrica que ardió en la guerra. Le parece a Manuel, pero no está seguro, que la fábrica era de Antonio Miranda (hermano del propietario de Almacenes Santa Cruz), que vivía en Calle Nueva. No está seguro, pero le parece que era el propietario. Estaba enfrente de la Puerta del Agua y ardió.

23. Fábrica de mantas Auroux Laz. Sus orígenes se sitúan en 1820. «LAZ» podía leerse en un gran rótulo en el tejado. Ya han cambiado la cubierta por una nueva. Esta fábrica era de los señores Bouderé. Concretamente, era de Bernardo Laude Bouderé, que estaba casado con la hija del industrial que tenía la fábrica de electricidad en la calle Calzada, que era de Carreira, destruida en un incendio en 1925. El nombre de Laz procede de Laude. La infraestructura fue la que compró Hilansa para hacer la fábrica de hilados con fibra artificial y estaba formada por varios fabricantes.

Enfrente de Almacenes Santa Cruz, en calle Calzada, estaba la fábrica de electricidad. Al lado estaba la tahona de Francisco Zurita, al que conocí bastante, así como a su hermano Agustín Zurita Chacón (abogado), que vivía en calle Comedias.

24. Antiguo Molino Dorado. Este sí lo conozco y lo tengo mi mente. Creo que mi padre, Antonio Sánchez-Garrido Sánchez, lo compró en 1954 aproximadamente. Su precio fue muy reducido; no se valoraba su arquitectura árabe, sino su rentabilidad, y era la misma más que exigua, casi nula. Estaba parado y lo puso en marcha. Para entrar en el mismo había, exactamente delante de la casa-molino, un puente estrecho, de no más de 1,2 metros de ancho, sin barandas a los lados. Eran dos viguetas de hierro salvando el río y, encima de estas, tablas atornilladas a una madera superpuesta al hierro. Daba miedo.

Detrás del puente había una explanada pequeña de unos doscientos metros cuadrados; también contaba con un huerto, que podría tener mil metros cuadrados, situado a la derecha, mirando desde el puente a la casa, la cual constaba de planta baja y primera planta. Teníamos la puerta de acceso y, en la parte izquierda, la fábrica de harinas. La noria se encontraba debajo de la planta baja, en un lado, y era accionada por un juego de cintas de pieles que hacían mover las ruedas metálicas y estas, a su vez, impulsaban la molturación con dos ruedas de piedra.

Detrás del molino había un cauce hormigonado procedente del río (es decir, un «cao» específico para esta instalación) por el que entraba el agua. Al final del cauce, se disponían dos compuertas de madera, que se abrían más o menos para dejar caer el agua en vertical unos tres metros sobre los cangilones de la noria, que no era muy grande, quizá de 1,5 metros de diámetro.

El acceso al molino era muy difícil, por el camino que sale detrás de la calle Fresca y pasa por la Moraleda. No había otra opción. Detrás la casa se elevaba una pared casi vertical, que era la de un cerro, también formando parte del conjunto del molino.

Mi padre se lo tomó con mucho cariño, pero la baja producción, el costoso suministro de materias primas envasadas y su manipulación, además de su bajo rendimiento en veinticuatro horas al día, daban lugar a una fabricación para nada rentable. El problema de comunicaciones y acceso también dificultó la producción. Lo compró porque se lo vendieron barato e hizo lo posible por mantenerlo, pero las cuentas no le salían y hacerlo productivo no fue posible.

Estas circunstancias le obligaron a venderlo, cosa que hizo, creo que en 1958. Cuando lo compró no funcionaba y lo puso de nuevo en movimiento, llevaba meses parado. Ya mi padre lo paró y lo vendió. Fue el último molino de harina musulmán que se cerró en España, después de setecientos años funcionando. Toda una reliquia. Cuando lo vendió, igualmente barato, yo sufrí bastante porque era muy poco dinero, porque para mí tenía un valor sentimental grande y también por su valor histórico y como residencia posiblemente. Hoy día está muy cuidado. Era un poco para arreglarse, un sitio para vivir, un lugar de descanso y lleno de historia a pocos metros de calle Fresca. El problema era su aislamiento, lo que lo hacía muy vulnerable a robos y saqueos. Se trata, probablemente, del molino árabe mejor conservado hoy en la comarca gracias a su propietario actual, que lo cuida de forma muy escrupulosa, ya que reside permanentemente en el mismo. Ahora el puente de acceso es de mampostería. Está en un rincón que hay debajo del mirador de plaza del Carmen y del cerro de Marimacho, que creo así se llama el que tiene detrás. Es un sitio cercano y a la vez muy aislado, de difícil salida, muy escondido y sin posibilidad de tener vecindario, metido en un rincón entre depresiones del terreno. Quizá para tenerlo como monumento turístico visitable. Es el que queda.

25. Fábrica de hilaturas Los Remedios. Funcionó entre 1845 y 1969. Había un edificio grande junto al fielato. Allí empieza el Camino de los Molinos. El puente de los Remedios era la antigua entrada a Antequera. Por lo que veo, siempre fue fábrica solo de hilados, no de mantas. Fabricaban hilos de lana que vendían en diversos mercados. También se llamó en su momento Hilados Crespite.

Cuando estaba funcionando y se paró era propiedad del Grupo Berdoy. Después se vendió el edificio. Junto al mismo había una fábrica de papel de estraza, que también se cerró. Hoy hay un bloque de pisos que tiene una forma similar al edificio de la fábrica de Los Remedios y los colores del antiguo edificio, junto al puente. Este es el último molino del río de la Villa en su trayecto. Después había otro a los pies de la Peña de los Enamorados, ya no en el río de la Villa, sino en el Guadalhorce. En la fábrica del puente de los Remedios estuvo trabajando unos años Manuel Salazar.

La fábrica de papel de estraza del puente de los Remedios estaba en funcionamiento en los años de posguerra. Este papel se hace con pulpa de madera, sosa cáustica (hidróxido sódico) (sosa líquida). Se preparaba en rollo grande. La altura del rollo o ancho del papel era de 1,5 metros, más o menos, y el rollo se hacía con un diámetro de medio metro. El papel de estraza se utilizaba para envolver. Ya para volúmenes más pequeños se cortaba con dimensiones de 25x25 o 30x30 centímetros. Se presentaba este papel prensado y se sujetaba el mismo con cinchos de cinta metálica.

Este paquete compacto se llamaba «bala de papel» y tenía un peso de veinticinco kilos el de tamaño más pequeño y treinta el más grande. Se utilizaba mucho en las tiendas de ultramarinos como papel para servir charcutería o quesos. Era el envoltorio de uso habitual o corriente en tiendas de comestibles. En todas había un tocho de papel de estraza sobre el mostrador. Era, pues, el papel de las tiendas de comestibles en su totalidad.

Había otro papel más fino y flexible, en cuadernillos, de más calidad, que se le llamaba «papel Peñarroya». Con este tipo hacían los fabricantes «cartuchos», que se compraban ya hechos de varias capacidades: medio kilo, un kilo, dos kilos y cinco kilos.

El papel de estraza era robusto y fuerte. Se consideraba un papel «barato» y sus hojas pesaban bastante. Era muy apetecido por los comerciantes, porque un kilo de papel en los años sesenta valía cinco pesetas y un kilo de azúcar quince. Cuando un cliente pedía, por ejemplo, un cuarto de kilo de azúcar se pesaba la misma sobre el papel y el papel contaba como azúcar en el peso total y era más barato. La picaresca siempre ha existido y existirá. Entiendo que ella va con el mundo, de una u otra forma.

26. Fábrica de hilados y tejidos de lana de calle Higueruelos. En funcionamiento de 1869 a 1967. A finales de 1967 fue cuando salió Manuel Salazar de las fábricas de mantas del Grupo Berdoy cuando cerró la última del grupo, la de calle Higueruelos.

Fue puesta en marcha por J. Pérez en 1869, dentro del casco urbano. La fábrica fue remozada y actualizada por un químico alemán asentado en Antequera, cuya hija, doña Tecla Regel Wolberg, se casó con José García-Berdoy Carrera. El lema de entonces era: «Mantas Regel. Abrigan, pero no pesan».

En los últimos años en esta instalación había telares, que funcionaban con fibra artificial y cuyo hilo procedía de Hilansa, donde García-Berdoy era partícipe.

Me comenta Manuel Salazar que los sacos de envase del Grupo Berdoy y de la antigua fábrica en Antequera de Piensos Biona, situada próxima a la azucarera, al otro lado de la vía de ferrocarril, los fabricaban en la planta de calle Higueruelos.

10. Las fábricas de mantas de Antequera en 1942

Se nota que Manuel Salazar, entre entrevista y entrevista, hace un esfuerzo de memoria para aportar nuevos datos. Hablar con él es un placer. Es mayor de edad, físicamente, pero con mente joven, buena memoria y la sabiduría que dan los años. Porque a los jóvenes les sobran años, pero les falta experiencia. A los mayores les sobra experiencia, pero les faltan años. Mundo complejo.

Tiene claro que 1942 era una época muy difícil, después de nuestra guerra civil, una época con carencias de todo tipo. Recuerda bien las fábricas que había cuando él se inició en su trabajo en las fábricas de mantas, que son las siguientes:

- Las cuatro de Berdoy, que realmente trabajaban como una grande (Los Remedios, La Cañada, La Juanona y la fábrica de calle Higueruelos).
- Fábrica La Cruz (en la fachada hay una gran cruz, con lo que es muy fácil identificarla).
- La Chafarina y La Maquinilla (las dos juntas funcionaban como una, en funciones diferentes).
- Máquina Argüelles. Allí había una instalación completa.
- Laz (Bernardo Bouderé).
- El Henchidero (propiedad de los hijos de Daniel Cuadra).
- Máquina de Rojas Castilla.
- Máquina de León Checa

En total, doce fábricas. El número de empresarios era de ocho.

11. Las fábricas de mantas de García-Berdoy

En esta empresa trabajó Manuel Salazar Cobos durante veinticinco años. La nómina en pesetas era semanal y se cobraba en dinero todos los sábados. Nada de trasferencias bancarias ni cheques: dinero contante y sonante que, después de recibido el sobre, de inmediato se contaba escrupulosamente. No estaba la cosa para errores.

De las fábricas, que había en Antequera en 1942, cuatro de ellas eran del Grupo Berdoy:

* La Juanona.
* La Cañada.
* Los Remedios.
* Higueruelos (la única fábrica de mantas dentro del casco urbano que ha habido en Antequera).

José Carreras (figura en algún anuncio publicitario antiguo del que tomé nota como fábrica de hilados y lanas) fue el que construyó La Juanona. Un hijo de José García-Berdoy se casó con una hija de José Carreras. Su hijo fue José García-Berdoy Carreras. La fábrica de este procede por vía de su madre y La Cañada igual. Realmente, ambas forman parte del mismo recinto industrial. Se estima que José Carreras construyó La Cañada antes que La Juanona, edificio y construcción mucho

6% Beneficios desde 1.° Mayo a 31 octubre de 1967

Empresa JOSE GARCIA - BERDOY CARRERA **Centro trabajo** HILADOS Y TEJIDOS LANA

Liquidación de .... de .... a .... de .... correspondiente al trabajador

D. *Manuel Salazar Cobos* categ. profesional *Pechero 1.ª*

N.º del Seguro Oblig. de Enfermedad *29/37.899* N.º del libro de matrícula *302*

D. N. I. N.º .... FECHA EXPEDICIÓN ....

PESETAS

Base de cotización para Seguridad Social.
Grupo n.º .... del Decto. 56/1963. Tarifa aplicable ......

Base superior de cotización
- Consolidada por artículo 1.º Decreto 56/1963 ....
- Mejorada para el Mutualismo Laboral ....
- Mejorada para el Seguro de ....
- Mejorada para el Seguro de ....
- Por pagas extraord. de 18 de Julio y Navidad ....

PESETAS

Devengado por
6% de
- Sueldo o jornal *203* a *121.20* *1468 90*
- Aumentos por antigüedad ....
- Incentivos ....

Horas extraordinarias
- Número .... Importe ....
- Número .... Importe ....

Otros devengos
- ....
- Prot. familiar, nuevo sistema: ....
- Prot. familiar: Puntos, ... a .... ptas. punto ....
- Subsidio familiar ....

PESETAS

Total devengado *1468 90*

A deducir por
- Seguridad Social .... por 100 s ....
- Mut. Laboral .... por 100 s ....
- Imp. rendimiento trab. personal .... º/₀ s ....
- ....
- ....
- ....
- Anticipos ....

Total a deducir ....

TOTAL LIQUIDO A PERCIBIR *1468 90*

ANTEQUERA *20* de *Enero* de 196*8*

Firma del Cajero
y sello de la Empresa

Recibí,
(Firma del perceptor)

Nómina semanal en pesetas

más importante y completo, o bien que La Cañada la compró ya en funcionamiento.

La fábrica de calle Higueruelos fue de Gustavo Regel Dietrich, químico alemán que se estableció en Antequera como fabricante de mantas en torno al año 1900. Su hija doña Tecla se casó con José García-Berdoy Carreras y de ahí la procedencia de otra fábrica del grupo.

Una casa exportadora de Hamburgo que conocía el señor Regel Dietrich fue causa de que, en general, toda la industria lanera antequerana pudiese exportar sus productos a diversos países, fundamentalmente del norte de África. Después, con la Primera Guerra Mundial, dicha empresa exportadora se deshizo, pero no bajó la producción de mantas. Esta empresa alemana tenía una buena organización, por lo que las mantas llegaron hasta países de habla hispana en las Américas, pero fundamentalmente al norte de África.

Así pues, tenemos que la mayor parte de la actividad fabril en mantas de la saga Berdoy provenía de uniones matrimoniales, de vía conyugal, y el desarrollo de la exportación se produjo por la información de este al resto del sector antequerano.

Según la estimación que me hace Manuel Salazar, el personal del Grupo Berdoy en mantas en 1942 era:

- La Juanona: 37 empleados.
- La Cañada: 12 empleados.
- Los Remedios: 12 empleados.
- Higueruelos: 30 empleados.

- Oficinas: 7 empleados.
- Total: 98 empleados.

Hablamos de cifras totales, entre mujeres y hombres. Realmente, las mujeres que había (del orden de diez) estaban en Higueruelos y fundamentalmente el trabajo de estas era coser la cinta de raso o ribeteada a las mantas y su envasado. Eran otros tiempos en los hogares, no es como ahora. No había frigoríficos ni cocinas eléctricas, no había lavadoras, todo era artesanal y este trabajo recaía sobre la mujer, mientras que el hombre, en alta medida, se dedicaba al trabajo en el campo.

A La Juanona iba don Francisco Miranda, hermano del propietario de Almacenes Santa Cruz, que era el administrador de las fábricas de Berdoy. El hermano, Gustavo, tenía una fábrica, La Chafarina, y perdió Francisco Miranda un brazo, no sé si por accidente. Iba a la Juanona en coche de caballos, no había coches de motor. Con la pérdida del brazo tuvo que dejar la empresa.

Las oficinas de las fábricas de mantas del Grupo Berdoy estaban en la calle del Infierno, en la planta baja del edificio donde vivía José García-Berdoy Carreras. Era una casa muy grande, que hoy es un bloque de pisos, si bien la fachada es la misma de antes, así como su zaguán y su patio interior. Ha habido suerte y se ha mantenido su presencia y empaque. A esta casa fui en algunas ocasiones en sus tiempos; ahora, por casualidades de la vida, el nuevo bloque también lo he visitado en varias ocasiones.

Al tener cuatro fábricas, la organización del Grupo Berdoy, lógicamente, se adaptó a ello, buscando sinergias y la mejor organización para que hubiese el menor costo y el mayor rendimiento. Por consiguiente, creo que no es apropiado decir cuatro fábricas, como es habitual, sino que es más lógico decir una con cuatro centros de trabajo. Más justo sería decir con tres, pues dos de ellos literalmente están dentro del mismo recinto industrial. Se trata de La Juanona y La Cañada, aunque cada una tenía su noria o rueda. Era una planta, en definitiva, con dos norias.

Todos los telares del grupo se colocaron en calle Higueruelos, quitándolos de las otras instalaciones, así que las otras tres fábricas de Berdoy, sitiadas en la ribera, no tenían telares. En total unos quince telares se situaron en Calle Higueruelos.

Igualmente, en Higueruelos se recibían finalmente los trozos de mantas (es decir, rollos de nueve a once mantas), se cortaban, se ribeteaban y se embalaban en cajas de cartón que se compraban muy cerca, en la plaza de San Bartolomé, donde se fabricaban.

En la fábrica de Los Remedios no se lavaba la lana ni nada, solo se hacía el hilado tanto de la urdimbre como de la trama, recibiendo la lana ya limpia y preparada de La Juanona. En La Cañada estaban los dos batanes, allí solo se abatanaba. Todo el resto del proceso se hacía en La Juanona: el lavado de la lana, el tinte y el secado al sol. Si el tiempo amenazaba lluvia se subía la lana a la planta de arriba y se extendía sobre el suelo, preparado el piso exclusivamente para este fin. Se hilaba y luego se enviaba a calle Higueruelos para tejer.

Tenía, pues, la empresa la estructura de tener la producción en tres puntos diferentes, más las oficinas en otro. Por tanto, el negocio situado en cuatro ubicaciones. A tal efecto, como en aquellos tiempos no había camiones, había un buen carro con mulos que trabajaba mucho en el transporte de materiales de un punto a otro, se dedicaba exclusivamente a ello. Las cuadras y el garaje del carro estaban situados en una casa al lado de la de José García Berdoy Carreras, en la calle del Infierno, en cuya planta baja estaban las oficinas de la fabricación de mantas. Para los viajes siempre iba el carro cargado tanto de ida como de vuelta, si bien es cierto que la mercancía era de mucho volumen, pero de poco peso.

El esquema productivo, por tanto era el siguiente:

A. Toda la lana se recibía en La Juanona, donde se lavaba y preparaba. Parte de la materia prima se hilaba y otra parte iba la lana ya preparada para hilarse en el puente de los Remedios.
B. El hilo producido en La Juanona y el hilo fabricado en el puente de los Remedios se llevaban a Higueruelos, donde se tejía. Allí estaban todos los telares.
C. De ahí se pasaba de nuevo a La Juanona-La Cañada, donde se abatanaba, se daba el ancho y se perchaba.
D. Por último, de nuevo a calle Higueruelos para el cortado, ribeteado, envasado y expedido.

El esquema funcionaba bien. El sobrecoste de tenerlo todo junto era solo el transporte de tiro de sangre ya comentado.

En Cuesta de los Rojas vivía José García-Berdoy Sarmiento y después el nieto, José García-Berdoy Regel. En la Cuesta de los Rojas, en la casa de Berdoy, estaban las oficinas de Abonos Berdoy. Estas oficinas eran conocidas como las «oficinas de la cuesta». En la casa (hoy propiedad de uno de los hijos de García-Berdoy Regel, que vive en Madrid, destacada figura en el ámbito diplomático español) se mantiene perfectamente el aspecto señorial y el despacho continúa tal como estaba hace un siglo. Tengo noticias de que, agraciadamente, están efectuando sustanciales mejoras para su mantenimiento adecuado y que no termine en ruinas.

José García-Berdoy Regel, ingeniero industrial, murió hace años y era un año mayor que Manuel Salazar. La esposa, doña Blanca Cerezo, falleció más recientemente, en 2017. El padre de doña Blanca había tenido una tenería en la ribera, pero después se asentó en Madrid con otros negocios relacionados con la construcción. La vivienda de Madrid de la familia procedía de ahí. En Antequera tenía, que sepamos, una fábrica de curtidos cuyo nombre era Simón Cerezo por los años cuarenta del siglo pasado.

Teresa García-Berdoy Regel se casó con el prestigioso catedrático Francisco López Estrada, autor de aproximadamente setenta libros, el cual estuvo veinticinco años en la Universidad de Sevilla, donde fue decano, y posteriormente, hasta su jubilación, en la Complutense de Madrid. Es un personaje don Francisco López Estrada. Su magnífica biblioteca está hoy en la Real Academia de las Nobles Artes de Antequera.

Uno de sus hijos, Juan López García-Berdoy, fue gerente de Abonos Berdoy y después ha ocupado cargos directivos en otras empresas fuera de Antequera, en todas ellos con una actuación brillante. Actualmente, ya jubilado, es miembro de la junta directiva de la Real Academia de las Nobles Artes de Antequera y, junto con los demás miembros, trabaja con ahínco de forma totalmente altruista por darle brillo y esplendor, por aumentar sus contenidos para el bien de todos los ciudadanos. Conviene que todos visitemos esta institución, como patrimonio antequerano. Seguro que quien lo haga vuelve contento de ello. Muy pocas ciudades en España de tipo medio tienen el honor de tener una Real Academia de las Nobles Artes. Yo he tenido el placer de que Juan López García-Berdoy me haya mostrado con detalle la de Antequera y sus proyectos y sencillamente he quedado fascinado. Le dedica a la misma de forma totalmente altruista muchísimas horas y desvelos, lo cual es digno de todo elogio y consideración.

En 1942 una manta de lana, como precio aproximado, valía cincuenta pesetas, según me comenta Manuel.

El piso de Manuel Salazar, curiosidades de la vida, está donde estaba la fábrica de calle Higueruelos (se entra por calle Aguardenteros).

La última fábrica que cerró del Grupo Berdoy (pero no fue la última que cerró en Antequera) fue la de Higueruelos. Fabricaba con hilo sintético que se confeccionaba en Hilansa. Ya por ello se había cerrado previamente La Juanona y luego Los Remedios. Con la fibra sintética estas fábricas no servían para nada. La fibra sintética había desplazado por precio y ligereza o menos peso a las mantas de lana, que se perchaban (o se les sacaba el pelo) también por Hilansa.

Berdoy invirtió en dos modernos telares para calle Aguardenteros. Previamente, en 1955, invirtió en una costosa máquina de perchar.

José García-Berdoy Regel me regaló una manta. Era del año 1966, una manta de recuerdo, similar en tamaño a las mantas «de cuna», que son las pequeñas. Esas ya no eran de lana, eran de fibra. En el año que cerró la fábrica de calle Higueruelos como recuerdo hicieron un lote para regalos.

La vida del empresario José García-Berdoy Regel, que viví de cerca, era muy activa. Fue gerente de la azucarera, presidente de la Caja de Ahorros de Antequera, responsable de Abonos Berdoy, gerente de fabricación de lanas, ganadero y agricultor, entre otras actividades. Aunque tenía una buena estructura y responsables de cada sección, podemos decir que no paraba ni un minuto durante el día. Ingeniero industrial y, sin duda, un perfecto caballero, fue también unos años presidente de la Corporación de Cajas de Ahorros de Andalucía.

Por cierto, aprovecho para indicar que los archivos de Azucarera Antequera, con amplia información, forman parte del valiosísimo tesoro que es el Archivo Histórico Municipal, donde los empresarios y familias del municipio es muy recomendable que donen los archivos históricos y así no se pierdan de este mundo.

C E R T I F I C A:

Que según antecedentes que obran en archivo, el productor DON MANUEL SALAZAR COBOS, con nº. 29/39.899 de Seguro de Enfermedad, estuvo prestando servicios en dicha empresa, desde el 14 de Noviembre de 1.942 a Diciembre de 1.967.

Y para que conste y a petición del interesado, a los efectos de tramitación de jubilación, se expide el presente en Antequera a uno de Julio de Mil novecientos ochenta y cinco.—

Escrito firmado por don José García-Berdoy Regel (gerente) y que le valió a Manuel para facilitar el trámite y reconocer su antigüedad después de haber estado en otra empresa.

La familia García-Berdoy ha sido, probablemente, una de las sagas de industriales y de emprendedores más grandes de Antequera en su historia, con una intensa actividad en muy diversas áreas. Sus miembros, abiertos siempre a nuevas iniciativas, han acometido muy diversos y variados negocios: azucarera, mantas, ganadería, piensos, fertilizantes, agricultura y no sé si me dejo alguno en el tintero, creando muchos puestos de trabajo. He tenido, por mi puesto de trabajo en Cros, numerosos contactos con José García-Berdoy Regel (también antes, pero no mucho tiempo, con José García-Berdoy Carreras). Como es de ley decir cada uno lo que siente, debo afirmar que siempre lo he visto como un perfecto caballero en su más amplio sentido: de trato correctísimo, educadísimo, con muy buena preparación y haciendo su trabajo a fondo, lo mejor posible y muchas horas. De su señora, Blanca Cerezo de Luna, guardo también inmejorable recuerdo. Elegante, directa y sencilla, tuve la satisfacción de que estuviese dos veces comiendo con Trini y conmigo en calle Merecillas acompañada de una amiga, con larga sobremesa. Una señora encantadora. Para mí, ejemplar.

Creo que la saga García-Berdoy fue en su momento, sin duda, el empresario más grande de Antequera. De no haber estado ellos, la historia de Antequera, económicamente, hubiese sido peor, aparte de que hicieron diversas actividades de mejora de la ciudad.

Siempre que tengo oportunidad lo manifiesto públicamente. Es de bien nacido ser agradecido. Además, Antequera necesita más empresarios y hemos de apoyar a los mismos, sencillamente por el bien de todos.

12. Tipos de mantas y bayetas que se fabricaron en Antequera

Ya en el siglo XX, avanzado el mismo, es cuando ingresa Manuel Salazar a trabajar como perchero en las fábricas de mantas. Lo que se fabricaba de bayetas era irrelevante, pocas en relación con el volumen de las mantas.

Las bayetas son como las mantas, pero mucho más finas. Su tamaño es (o era) igual al de las mantas y su uso principal era para hacer «vendos». El vendo eran un antiguo artilugio que no faltaba en ninguna casa, una herramienta doméstica que estaba en todos los hogares, no faltaba en ninguno. Se utilizaba para sacudir el polvo en aquellos tiempos. Era imprescindible tener unos vendos. Hoy supongo que es ya cosa de museo, aunque hay personas que conservan alguno y lo siguen utilizando, según me comentan en Facebook.

Tenía dudas sobre si «vendo» se escribía con uve o con be. Se escribe con uve, de acuerdo con la Real Academia de la Lengua, aunque muy habitualmente, de forma errónea, se hace con be, quizá para no confundir el término como derivado de la venta. Y es que «vendo» tiene un doble significado: hacer una transacción económica o venta, o bien ser una tira de tela, generalmente estrecha, a la que se llama «venda» o «vendo». Así, la acción de vendar es, en definitiva, pasar o envolver una herida con una cinta de tela adecuada.

De aquí proviene la palabra del útil casero denominado vendo, que es un artilugio con unas tiras de bayeta de unos dos centímetros de ancho y unos treinta o cuarenta de largo, que se sujetaban en el extremo de un soporte de madera debidamente torneado, de unos treinta centímetros de largo, que servía como mango. En definitiva, que normalmente se abrazaba con la mano en el extremo opuesto al que están las tiras. Un vendo puede tener veinte o treinta tiras de tela de bayetas, amarradas las mismas por un extremo al mango y quedando por el otro libres.

Este soporte de madera se cogía con una mano y se agitaba, formando un remolino de aire que dispersaba el polvo al golpearlo suavemente con un objeto cualquiera. El golpeo de las cintas sobre el objeto al que había que quitar el polvo era relativamente suave. El vendo era básicamente para limpiar el polvo de muebles, de las paredes, etc., cuidando de no romper nada. Una casa sin vendos era como un jardín sin flores. Si, por ejemplo, en España había diez millones de hogares, pues diez millones de vendos.

La fabricación del vendo, por tanto, era otra actividad industrial diferente a la fabricación de mantas. Había algún que otro empleado que en horas de no trabajo se dedicaba a fabricar vendos para venderlos a los vecinos y amigos como complemento de ingresos para poder subsistir su familia. Había también algún que otro artesano que se dedicaba como actividad laboral solo a la fabricación de vendos. Por ejemplo, había uno en la calle Peñuelas. Los que fabricaba Francisco Huertas gozaban de buen prestigio. Eran de alta calidad, no se rompían y duraban. A mí no me gustan los plumeros, quizá porque echo de menos a los vendos. Otra actividad desaparecida.

Evidentemente, la mayoría de los vendos no se fabricaban en Antequera. Hay productores por doquier.

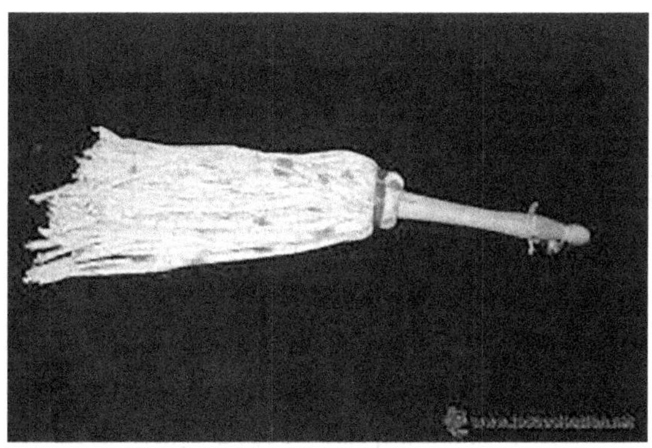

Mi madre, como todas las madres de aquella época, recurría mucho a las frases hechas y a los ejemplos. La frase «eres más flojo que un vendo» era habitual. En los vendos solo están cogidas las tiras por una punta; el resto anda cada una por su lado, floja, sin fuerza para ser sacudida. «Más flojo que un vendo» venía a significar vago en grado superlativo. También a los vendos en algunos sitios se le llamaba «zorros». De ahí viene, por ejemplo, tener los pantalones «hechos unos zorros». Es decir, rotos, como si fuesen tiras de vendos.

Los vendos desaparecieron no se sabe cuándo. Poco a poco fueron sustituidos por el plumero y, posteriormente, por un *spray* y la posterior limpieza con papel celulosa y máquinas muy variadas. Así que el tradicional y maravilloso vendo pasó, como tantas cosas, al recuerdo, salvo alguna excepción que se tiene todavía como recuerdo.

También se utilizaban las bayetas para refajos, para envolver a los niños de cintura para abajo y dentro del refajo poner el pañal. El refajo, además, abrigaba mucho. También se usaba para personas mayores que pudieran necesitarlo, aunque esto Manuel Salazar, discretamente, me lo elude, no me lo comenta mucho. De todas formas, la venta de bayetas era muy secundaria (lo básico fueron las mantas), si bien era un complemento.

Primero estaban los trapos para la limpieza, generalmente hechos de restos de ropa vieja. Todo se reciclaba sin anuncios, solo por necesitad. El reciclaje es consecuencia de la época actual de abundancia. Antes se aprovechaba todo, no había que hacer cursos de reciclar. Se reciclaba todo por necesidad. Hay una palabra muy bella y empleada antaño, «aljofifa», que es, en definitiva, un trapo viejo, después sustituida por la fregona. El nombre, evidentemente, es sin duda árabe.

La limpieza del suelo con la aljofifa se hacía de rodillas y daba como resultado zaguanes relucientes en casas con alacenas bien cuidadas y talegas colgadas en algún sitio con el pan dentro mientras debajo de la mesa, tapado con ropa camilla, un brasero daba continuo calor, proveniente del cisco incandescente. En la ventana, para que se ponga el agua fresquita, había un botijo y dentro todos se alumbraban con la luz de un quinqué.

La bayeta actualmente es para limpiar la superficie frotando. La gamuza es lo mismo, pero de poliéster. En siglos anteriores también se utilizaban los paños como material para coser piezas de vestir de baja calidad. La bayeta y los paños, en la antigüedad, eran para hacer vestidos y otras prendas domésticas. Tenían regular calidad y por ello era lo utilizado por la clase menos pudiente. El mercado de estos bajaba de forma continua a medida que iba creciendo el nivel económico.

En cuanto a las mantas, se inició su fabricación en Antequera por los hermanos Moreno (que eran de Mollina) hacia 1850. Fue la primera manta y rápidamente sirvió para que en Antequera se extendiera como un reguero una serie amplia de fabricantes de mantas en la ribera del río de la Villa. Estamos hablando de mantas de lana. Aprovechando que teníamos estructuras de molinos harineros desde época de los árabes y una energía barata como es la hidráulica, aparte de disponer de agua abundante, teníamos todos los ingredientes fundamentales para la industria, aparte de mucho personal disponible de la época antecesora, de la industria textil artesanal, evidentemente, como factor principal.

Los hermanos Moreno eran unos grandes innovadores; uno de ellos se dedicó a los tejidos de algodón, que no se cultivaba en España en aquellos años de mediados del siglo XIX. Invirtió en la industrialización una barbaridad, comprando maquinaria adecuada en el extranjero. La iniciativa, a la que le puso corazón, dinero y profesionalización, fue un fiasco, ya que las turbinas que adquirió en Inglaterra para sustituir a las norias fueron un fracaso rotundo y además el algodón tenía que venir en aquellos tiempos de Estados Unidos. Esto fue uno de los dos hermanos. Ambos se separaron como socios. Fallido el tema de algodón, puso en las instalaciones una fábrica de harina vamos a llamar moderna, muy lejana tecnológicamente a lo que era habitual en aquellos tiempos. Era una fábrica harinera de cilindros, sin piedras de molino, toda una innovación tecnológica y de alta producción. Fueron unos innovadores muy destacados.

De las mantas se me comentan muy diversas anécdotas. En algunos casos se pedían a las fábricas los recortes que sobraban y con ellos, por ejemplo, se hacían calcetines para de noche, al dormir, ponérselos y no pasar frío en los pies.

Se me cuenta que había mantas que las amas de casa en algunos casos confeccionaban a base de pedacitos sobrantes que no servían y que se pedían en las fábricas. También, por lo visto, algunos muestrarios eran realmente una manta confeccionada con tramos o tiras de los productos que fabricaban. Esto del *patchwork* no es nada ultramoderno. Es antiguo como el andar para adelante.

Mari Carmen Ruiz Benítez me explica que su marido, Juan, le recuerda sus vivencias infantiles en la fábrica Muñoz Avilés y que sus tíos le regalaron dos mantas cuando se casaron, que guardan con cariño como un tesoro y que abrigan como ninguna.

El joven Manuel Martínez Salazar, nieto de Manuel Salazar, anda ansioso de que salga a la calle este libro de su abuelo. ¡Hay que tener paciencia, Manolo! ¡Estos temas requieren su tiempo!

Las mantas se clasificaban por rayas. No sé cuántos centímetros es una raya. Es simplemente un modo de clasificarlas:

- De matrimonio: Siete rayas.
- Entre camas: Seis rayas (no era de matrimonio ni individual, sino intermedia).
- Cama: Cinco rayas.
- Cama chica de tres rayas.
- Cama chica de dos rayas.

Había pedidos de mantas también para el ejército, las cuales siempre eran de color marrón y en la cabecera y en los pies llevaban una franja blanca. En cuanto a calidad, eran para el ejército lo mismo que para los demás clientes. Las mantas para el ejército no llevaban ribete de cinta, sino flecos. Tenían menos peso; así las pedían con mejor precio. Los pobres soldados a lo mejor no tenían tan buena impresión de las mantas de Antequera.

Araceli Martín Valverde me comenta que una fábrica de Antequera abasteció de mantas durante unos años, no sabe cuáles, a la Escuela Naval Militar para su uso por los guardiamarinas. Las mantas de Antequera, en el buque escuela Juan Sebastián Elcano, dieron más de una vez la vuelta al mundo.

Después estaban las mantas de cuna y las de moisés, que son más pequeñas que las de cuna. De una manta de matrimonio se sacaban cuatro de cuna. De moisés no se acuerda, supongo que quizá el doble de las de cuna.

Las mantas se van quemando poco a poco, pero no con llama. Se van carbonizando, sirven para apagar fuegos. Si hay un fuego para apagarlo, lo mejor es echar una manta de lana encima. Con una manta de lana se puede apagar un incendio. Es antiinflamable, lo cual no ocurre con las fibras acrílicas.

En cuanto al diseño, había mantas de todos colores y el dibujo se hacía en los telares, aplicando la plantilla correspondiente para utilizar los hilos de forma automática en el dibujo e insertar los colores que correspondan.

Una manta vieja de lana es cuando se le cae el pelo. Tienen en general una duración muy larga, de muchos años. Añoro las mantas de lana y los colchones con lana de oveja. El hacer la cama era un arte antes para que el colchón quedara totalmente plano, pellizcando la lana para que quedara expandida.

De una temporada a otra se vaciaba el colchón y se lavaba la lana, toda una operación complicada. Además, te quedabas unos días sin colchón para dormir. Al dormir se formaba un hoyo en el colchón con la forma del cuerpo y encima las mantas de lana. No sé, añoro cómo se descansaba antes. Lo de ahora es muy práctico, no da trabajo alguno el mantenimiento del colchón y hacer la cama, pero al menos en el recuerdo quedan unos sueños estupendos en la sistemática de dormir de antes. O sería porque tenía pocos años.

Era típico llevar una manta en el coche para hacer *camping* y tomar algo en los desplazamientos por carretera. También antes de poner la montura sobre un caballo era costumbre situar una manta para que protegiese al animal de las rozaduras de la rígida montura. Y en España había más de quince millones de cabezas de ganado mular.

Cada fibra de lana es una cámara de aire. La manta absorbe humedad exterior y también genera una pequeña humedad que se pega alrededor del cuerpo. La lana no atrae el polvo que flota en el aire. Es limpia, higiénica, saludable y natural, no artificial, pero ocurrió que las mantas de fibra artificial empezaron a imponerse ya a mediados del siglo XX y las preferencias se decantaron por las mismas al ser más baratas, más estéticas y más ligeras. Ello motivó el cambio en Antequera a hacer las mantas de fibra artificial para evitar el cierre de las fábricas, pero ya se entró en un declive definitivo porque solo una pequeña parte de las fábricas de mantas de lana era necesaria. Hacer mantas con fibra artificial es mucho más sencillo.

Para la fabricación de mantas de fibra sintética el proceso de fabricación es muy simple. Estábamos lejos de los productores de fibra sintética, pues teníamos fábricas con pequeña producción en comparación con las modernas fábricas catalanas, diseñadas directamente para las confecciones con fibra, donde ya no era necesaria la fuerza hidráulica, no eran necesarios batanes. Aunque la industria de Antequera se unió en Hilansa en cuanto a algunas fases de la fabricación, no podía competir. El cambio era radical, no era posible la readaptación, había que empezar de nuevo.

La readaptación de las empresas de lana a fibra artificial terminó por morir, pero el empresario antequerano hizo todo lo posible para mantener la industria y pasó a la producción con fibra, dejando la lana. Sin embargo, no podía competir en la moderna industria de fibra, porque eran muchos los telares que había en poco tiempo en España y muy poco personal, con máquinas muy modernas. No tenía nada que ver con la industria de las mantas de lana, era otra cosa. No era una evolución, sino otra historia. En caso de afrontarla, sería con desventaja. Había que empezar de nuevo, era otra industria, lejos de la producción de materia prima y con malas comunicaciones. La transformación a mantas de fibra, con los bajos precios del mercado, hacía terminar a los industriales muy mal económicamente los ejercicios anuales. Las cuentas no salían a pesar de todos los esfuerzos, en lo cual tenían mucho que ver nuestra distancia a los centros productivos de fibra y los caros portes de la época.

Los fabricantes de fibra primero vendían las balas con la misma y los compradores tejían el hilo, pero al poco tiempo terminaron vendiendo ya el hilo confeccionado. Las fábricas de hilos dejaron por ello de tener sentido, ya que los hacían los fabricantes de fibra.

Antiguamente las mantas las querían «que pesen bastante», mientras más pesadas mejor. La situación ha cambiado o girado 180 grados. Ahora lo moderno es que mientras menos pesen, mejor. En fin, para mi gusto ni una cosa ni otra.

En León había cierta industria de mantas. De este origen eran muy conocidas las mantas confeccionadas con pelo de cabra. A propósito, hablando de León (donde el frío es tremendo con razón), me comenta precisamente Carmen León que su cuñado fue allí por trabajo hace muchos años a un hotel y que la cama tenía una sola manta, con lo cual pensaba que iba a pasar un frío tremendo esa noche. Sin embargo, no fue así y durmió muy bien, confortablemente. A la mañana siguiente miró la manta con objeto de ver la marca y tenerla en cuenta para el futuro. Observando la misma, tenía la siguiente marca: «Fabricada en Antequera».

La zalea es la piel de la oveja con su lana, debidamente lavada y limpia, que se utiliza (o se utilizaba) mucho como fuerte abrigo en los pies de la cama o sobre suelos fríos, antes de levantarse, para no poner los pies en las baldosas. También se utilizaba en salas de estar para que jugase los niños. Esto ya con las fibras artificiales ha desaparecido por diversos inventos.

Las mantas de Ezcaray, Mantas Mohair, son confeccionadas con pelo de cabra de raza especial, la cual tiene el pelo casi como una oveja y es de importación de Turquía.

Es importante para esto de la comercialización buscar nombres diferenciales exóticos o poco conocidos. Si dices que tienes una manta antequerana con lana de Moharden, seguro que hay alguien que te la compra por ser de Moharden, que, por supuesto, es un nombre que me acabo de inventar.

Actualmente lo que utilizo son los edredones. La tendencia es a ser ligeros. Lo que no podemos ni imaginar es cuánto tiempo estarán en vigor y cuál será la alternativa que los evolucionará.

13. Proceso de fabricación de las mantas de lana

Se relaciona el proceso con la lana, proceso laborioso; después con la fibra sintética o artificial. El mismo se simplificó enormemente, como ya veremos más adelante. Los pasos eran los siguientes:

1. Recepción de sacas llenas de lana.
2. Apertura de sacas y quitar las partes que estaban malas (por el «apartaor»).
3. Limpieza de la lana en calderas de agua caliente.
4. Lavado de la lana en un pilón con mucha agua.
5. Tintado.
6. Escurrido de la lana empapada.
7. Secado ambiental.
8. Emborradora.
9. «Repasaora».
10. Embobinadora.
11. Selfactinas y torno.
12. Telares.
13. Batán.
14. Cilindro.
15. Centrífugas (funcionan con electricidad).
16. Perchas.
17. Ramblas para tomar el ancho.
18. Corte de la pieza en las diferentes mantas.

19. Ribeteado.
20. Envasado.

Leo que también la manta se conoce con otros nombres, como «frazada» y «cobija», nombres que al menos yo no había escuchado nunca.

La manta es fundamental para arroparse mientras se duerme. Hay, por tanto, muchos millones de mantas que se usan todas las noches. Es muy importante en la manta el tacto de esta, que sea suave, que guste.

Hoy día parece que en Grazalema (Cádiz) y en Collado (Segovia) aún se hacen mantas de lana por moderno sistema, pero talleres ubicados en entornos de producción antiguos. Salen de sus orígenes con la marca de conocidísimas empresas de ventas de productos de lujo a precios importantes y también para venta al turismo.

Es una pena, en cierta medida, que al menos no haya quedado o sobrevivido ninguna en Antequera (aunque para ello nunca es tarde) con vistas a su venta al turismo bajo la prestigiosa marca «Mantas de Antequera».

Dentro de Antequera las ovejas deberían tener un monumento y, por supuesto, también a la cabra, en la que somos especialidad con la famosa cabra malagueña. Casabermeja, una población malagueña cercana, es un municipio donde las cabras ocupan un lugar destacado en el conjunto provincial por su número.

Se compraba la lana de oveja en sitios muy diversos como materia prima para las fábricas de Antequera, ya que la lana de las ovejas que había en esta zona era insuficiente para atender a la industria.

Parece ser que hace siglos la importancia de los ovinos en la comarca de Antequera era muy grande, aunque con el paso de los años fue disminuyendo. De hecho, la lana se compraba finalmente en un porcentaje cercano al 70 por ciento en otras provincias.

A continuación, aportaré algunos datos sobre las características de las ovejas. Una oveja se esquila todos los años, en otoño, y suele dar tres o cuatro kilos de lana por cabeza. La mejor calidad la ofrece la lana que aporta la oveja merina, de fibra larga, muy apreciada y, evidentemente, más cara. Teníamos (y creo que tenemos) la fama de tener las mejores ovejas del mundo en España, aunque la vida ha cambiado mucho. La lana de alta calidad tiene más fuerte brillo y menor peso. La lana cruda tiene bastante agua.

En este momento voy a explicar cuál era el orden en el proceso de fabricación de las mantas:

1. Recepción de sacas de lana. Cuando llegaban a un cortijo los compradores y compraban la lana, entonces se ponía la saca en el suelo, abierta, y un hombre echaba los vellones a la saca y otro hombre, dentro de la saca, la pisaba para prensarla y que ocupase el menor espacio posible hasta llenar la gran saca, que después se transportaba hasta la fábrica.

2. Apertura de sacas y selección. En la fábrica, en el departamento adecuado, se abrían las sacas y se tiraban en un montón sobre un suelo limpio para quitar las partes que estaban malas, que estuviesen muy sucias. Esta operación la hacía el «apartaor». Las sacas vacías de lona se doblaban cuidadosamente y quedaban listas para ser reutilizadas.

3. Limpieza de lanas. Esta operación se hacía con agua caliente. A tal efecto había calderas de agua, que funcionaban con gasoil. El agua, muy caliente, se echaba en grandes recipientes o «lavaores» y se movía dentro del mismo mediante un palo de madera para que la lana empapara el agua muy bien. Las marcas a las ovejas para saber quién era el propietario de estas se hacían por los ganaderos con alquitrán, el cual se quitaba bien con el lavado de la lana, no dejando huella.

4. Limpieza de agua en el pilón. La lana se pasaba a grandes recipientes, a pilones, en general de hormigón, donde entraba y salía agua limpia de manera constante. Entraba un buen caño de agua de forma continua y había una salida de ella para el río. Así se aclaraba y quedaba completamente limpia.

5. Tintado. El tintado era una operación que consistía en pasar la lana, una vez escurrida, en la caldera, donde se metía el tinte con agua caliente. En la misma caldera, una vez cambiada el agua, se añadía el tinte. Se usaban pigmentos de plantas. Es decir, se trataban las mantas con pigmentos naturales. Así pues, en las fábricas había tintes de diversos colores, debidamente alineados y preparados. Ya en los últimos tiempos había empresas compradoras de lana que ellas mismas la lavaban y tintaban, con lo cual ya se vendía a los fabricantes preparada para su hilado directo. Era otra opción aparte de la tradicional, que la usarán algunos productores.

6. Escurrido de la lana empapada. La lana, totalmente empapada, se ponía encima de unos tableros de madera para que fuese perdiendo el agua en la mayor cantidad posible para ponerla después a secar. Esta operación requiere mucho espacio y en invierno este proceso se llevaba a cabo en naves para que no le lloviese.

7. Secado ambiental. La lana se extendía sobre unos toldos en el suelo, o bien sobre «zarzos» (bandejas grandes con patas pequeñas para ser apiladas, con estructura de madera y la bandeja de cañizo, donde se extendía la lana para que quedase seca), y si había peligro de lluvia había que extenderla en lugar cubierto. En la fábrica La Juanona el edificio era bastante alto y arriba había un piso precisamente para este fin, para el secado, cuando por la climatología se hacía necesario.

Toda la industria fue progresando y me comenta Gonzalo Ruiz Rojas que en Manufacturas Rojas Castilla la secadora era un enorme cilindro giratorio que se calentaba con gasoil para secar la lana, que era como estaban las fábricas a medida que la tecnología fue evolucionando. Con ello se solucionaban los graves problemas de secado ambiental en época lluviosa.

Ya en algunas industrias, como era el caso de Rojas Castilla, se empezó a comprar la lana limpia, pues, según los números de cada cual, ello suponía ventajas. Incluso en algunos casos se adquiría ya tintada.

Un proveedor de lanas importante era el señor Vidal, con almacén en calle La Vega, que tenía una enorme casa con mucho espacio para almacenamiento de lanas, cuya parte de atrás tenía salida por calle Toronjo. Me acuerdo del mismo.

8. Emborradora. Así es como se denomina la operación de cardado, de abrir en buena medida la lana mediante una máquina para ir individualizando el hilo, paralelizando las fibras, formando mechas mediante la máquina emborradora consiguiente.

9. «**Repasaora**». Es la continuación del proceso del punto anterior. Es volverla a pasar por otra máquina similar a la anterior, un poco más simple, para mejorar la calidad del cardado.

10. Embobinadora. Hace las «molinas» (bobinas), las cuales tienen el ancho de la máquina: unos dos metros de largo. En la misma se forma una molina grande y va dando vueltas hasta que alcanza cierto grosor. Entonces se para, se cortan los hilos y se pone otra bobina vacía. El nombre de «molinas» era la palabra usada de forma habitual en el argot del sector.

11. Selfactinas y tornos. Los tornos los quitaron. Los tornos eran la mitad de las selfactinas. Estas, en resumidas cuentas, eran unos tornos dobles. Fueron estas las primeras máquinas de hilar automáticas y potentes, que permitían hilar muchos hilos de forma simultánea con una sola persona. A título orientativo, había máquinas con hasta veinte carretes, las cuales fueron inventadas por los ingleses durante la Revolución Industrial (en concreto, en 1834 por Richard Roberts) y supusieron una revolución en el sector textil brutal.

Fue la primera máquina de hilar muchos hilos a la vez. A la máquina se le pone la «molina» (es decir, una bobina gruesa que tiene el ancho de la máquina embobinadora que la ha generado, aproximadamente dos metros) y de ella las selfactinas sacan los carretes de hilo, ya sea urdimbre o trama, según se quiera y se seleccione que lo que genere sea una cosa u otra.

La trama es un hilo retorcido de varios cabos o hilos. La trama no está tirante como lo está la urdimbre y sus hilos pueden ser menos resistentes, teniendo, en consecuencia, flexibilidad la parte de la tela en la que no terminan los cabos de la urdimbre. La canilla es una bobina hecha de trama. La urdimbre son hilos finos y fuertes.

La aparición de las selfactinas y, como consecuencia, la pérdida de muchos puestos de trabajo se produjo en Barcelona y causó muchos problemas con la llamada «Revolución de las selfactinas». Hubo huelgas e incluso asesinatos de empresarios en 1834 en Barcelona, lo que obligó a reconvertirlas en máquinas menos operativas. Pero ya se sabe, esto duró bastante poco tiempo, pues la evolución no se puede parar. Después de estas, ya recientemente, tenemos las modernas «hiladoras continuas». Menos espacio y más producción.

El nombre de las máquinas selfactinas es una castellanización de las palabras inglesas *self acting*. Esto cambió la forma de hilar en el mundo y como consecuencia de esta automatización vino la pérdida de muchísimos puestos de trabajo en España, lo mismo que en otros muchos países, pero la evolución es imparable.

12. Telares. O máquinas de tejer. Pueden ser de madera o de metal. Con la Revolución Industrial se eliminaron los de madera. Se colocan hilos paralelos de urdimbre, sujetos en ambos extremos. Mediante un mecanismo, estos hilos son elevados, formando una apertura denominada «calada», por la cual se hace pasar la trama. Los hay horizontales y verticales. Los horizontales son los habituales para algodón y lana y los verticales suelen utilizarse para tapices y tapetes.

Hay diversos tipos de tejidos, tales como el tafetán, antes con seda, ahora con fibra artificial o rayón, tejido muy fino. Otro ejemplo es el raso, generalmente para la seda muy lisa y lustrosa, lo que se consigue con urdimbre muy fina y trama oculta. En fin, la variedad de telas para elegir es muy amplia. En los telares, el hilo vertical es la urdimbre y el horizontal es la trama.

En los telares las mantas salían en una pieza continua, que se situaba enrollada en un rulo con diez o doce mantas, a lo que se llama «trozo». Esta cinta había que cortarla a la medida de las mantas en su momento, posteriormente.

En la lanzadera se colocan las canillas para tejer, confeccionando el tejido de forma automática la trama entre la urdimbre. El plegador o «enyuso» enhebra los hilos en el peine para estirar los mismos.

Los telares funcionaban con energía eléctrica y las centrífugas igualmente. Todo lo demás era hidráulico, con el ahorro energético consiguiente.

13. Batán. El nombre proviene de batir o golpear. Eran de madera buena, de nogal. Todo era de madera. El batán es lo que servía para dar cuerpo a la manta. Había buenos carpinteros en aquella época. Hoy los carpinteros casi han desaparecido. Se golpea la manta para tener una calidad superior, más tupida.

Los últimos batanes en funcionamiento de España posiblemente hayan sido los de Antequera. Su emplazamiento siempre era a orillas del río para aprovechar su fuerza hidráulica. Se lee que el último batán estuvo hasta 1954 y que está en el museo de La Coruña. En Antequera hubo batanes hasta más tarde, unos veinte años más.

Al hacer mover un eje la energía hidráulica, mediante las levas se accionaban los mazos que golpeaban las mantas. Durante el proceso las mantas estaban mojadas. Cada batán tenía dos mazos, que al caer golpean los paños. Golpean sobre un tronco encima del cual está la manta, que tiene de diámetro casi un metro y que se le llama «sufridero» porque recibe todos los golpes. El proceso de abastamiento en grupos de tres trozos dura entre veinticuatro y treinta horas, deteniendo el batán tres veces para cambiar las mantas de posición y ser golpeadas por ambos lados.

Ya con la desaparición de las mantas de lana han desaparecido los batanes. Para los de fibra no es necesario la utilización de batanes.

Don Quijote se aterrorizó al escuchar un ruido muy fuerte. Cuando se aventuró a investigar, eran seis batanes.

El batán tiene por objeto hacer que el tejido abierto, al tejerse, sea mucho más tupido. Es una práctica antigua; el primer documento sobre los batanes del que tenemos constancia es del siglo XII. Fue una máquina muy utilizada en España.

No era una máquina cuyo mayor número estuviese en Antequera ni mucho menos. Había muchos batanes en la mayoría de la península, donde hubiese ríos con fuerte corriente o cascadas. En Galicia había muchísimos, en Asturias también, hay muchas referencias a Valencia y Alicante… En definitiva, eran muy numerosos.

En Antequera, la ubicación de estos es desde casi el mismo nacimiento de la Villa y hasta el puente de los Remedios. Al nacer el río a los pies de la sierra del Torcal, mientras llega al llano el terreno está un poco inclinado y la corriente de agua es menor, pero a más velocidad. Con los «caos» la horizontalidad hace la fuerza de la corriente menor, pero después la misma cae en vertical sobre las norias y hemos tenido una ventaja en Antequera: que los batanes pueden, si hay trabajo, estar funcionando todo el año. En el resto del país lo normal eran 150-180 días al año, cuando el río llevaba agua suficiente. Aquí, con el río de la Villa, no teníamos este problema porque había disponibilidad de agua todo el año para las norias, que accionaban, entre otras máquinas, los batanes.

La operación se llamaba «abatanamiento» y se hacía en tres «trozos» simultáneamente, siempre con mucha agua para evitar el rozamiento en las mantas y que no se dañase el tejido, trabajando día y noche.

La sosa llegaba a la fábrica sólida; hoy día esto es minoritario, porque se utiliza la sosa líquida en cualquier proceso químico, pero ya con la fibra artificial esto no hay que hacerlo.

14. Cilindro. Está junto al batán. Era para quitar la sosa, desengrasar y dar cuerpo a la manta, pues entraba agua continuamente. También un tipo de producto químico, al que se llamaba ácido, cuando la manta era de colores, para que los mismos brillasen más, se resaltasen más. Salían húmedas. Allí entraban los «trozos» antes de cortar la manta. Eran de nueve a once mantas en cada «trozo».

15. Centrífugas. Funcionan con electricidad, ninguna hidráulica. Se les quitaba la poca humedad que llevaban para dejar seco el trozo. En dichas máquinas, que eran bastante grandes, se metían los «trozos» (rollos de mantas sin cortar). La fuerza giratoria centrífuga hacía proyectar el agua a las paredes del cilindro, el cual estaba perforado y por ahí salía el agua. No había que secar a la intemperie con toda la problemática que ello conllevaba, sobre todo en la época invernal.

16. Perchas. Es dar a los tejidos un aspecto felposo mediante un raspado. Es una operación de acabado. En las perchas entraba el «trozo» húmedo.

Las perchas antiguamente eran de madera y las púas o elementos para arañar eran de cardón. Tenían tres metros de ancho y pasaban como si fuese entre pequeños cilindros del diámetro de un bolígrafo giratorio, por donde pasaba la manta. En dichos delgados cilindros estaba el cardón, que es una especie de cactus que se compraba para las máquinas de perchar a proveedores especializados y era el material que, colocado debidamente en los cilindros de la máquina, «arañaba» el trozo de manta para sacarle el pelo.

Las perchas de veinticuatro cilindros de pelo y contrapelo, es decir, para ambas caras del rollo de las mantas, todavía sin trocear, en grandes rollos o «trozos».

La primera persona que compró ya de las modernas, metálicas, fue Muñoz Avilés, que tenía la fábrica del Henchidero. En las metálicas también los sistemas de cardón eran sustituidos por elementos metálicos. Las máquinas de perchar de madera en poco tiempo fueron sustituidas por las metálicas, con toda la carga negativa que suponía para los carpinteros de ribera, que eran talleres profesionales muy acreditados.

En las perchas entraba el «trozo» y se sacaba el pelo. Después se ponía por la otra cara de las perchas para sacar el pelo por el otro lado, es decir, el contrapelo.

Las perchas de ahora son de cilindro y metálicas. En la fábrica de calle Higueruelos compraron una moderna de veinticuatro cilindros. Cuando cerró la esta fábrica se llevó la máquina a Hilansa. Allí se llevaban las mantas por los fabricantes que integraban dicha empresa y se les sacaba el pelo. En Hilansa había dos máquinas, esta de Higueruelos, moderna y potente, y otra también muy buena y metálica para el acabado, de procedencia Muñoz Avilés. Se pasaba por ambas.

Al perchar, un subproducto resultante es la «borra», que se utilizaba para hacer hilos de peor calidad para relleno de colchones y algún otro uso.

17. Ramblas. Son para dar el ancho. Una vez se sacaba el pelo en las perchas, se llevaba a la rambla para darle el ancho. Con una palanca se estiraba. Un trozo se compone de diez o doce mantas. La rambla es la máquina para estirar la manta y llevarla a sus medidas. Los cilindros alimentadores van más despacio y los estiradores, más rápido. Antes, en la industria mantera tradicional, eran listones de madera con púas y con palancas se estiraban. Después eran metálicos.

La rambla da el ancho, se trabajan las mantas con unas tablas con pinchos y mediante una palanca manual se da el ancho a la manta para que tenga sus medidas precisas. Con la palanca se estiran las mantas.

Estas mantas húmedas se dejan secar unas horas y antes de terminar el turno se enrolla y guarda el trozo, listo para su corte.

18. Corte de las piezas o trozos. Corte de la pieza en las diferentes mantas. Esto se hacía con unas tijeras. En el telar, al confeccionarse la manta, al final de misma ponían unos hilos de color para saber dónde terminaba la manta. Esto lo hacía la «urdidora» en el telar.

La manta del telar sale con su medida, la distancia entre la cabecera y los pies de la cama. Esto lo da el hilo fino, la urdimbre, y esto no hay que tensarlo o estirarlo; sin embargo, el ancho sí se le da estirando la manta con la rambla, ya que la trama da de sí. El largo ya viene dado con un hilo de color diferente.

19. Ribeteado. Esta operación consiste en coser una cinta en el borde de la manta, en todo su contorno. Por la parte superior la cinta cubre el grueso de la manta y por la parte inferior se sitúa otro poco de la cinta y se cose para que la manta no tenga filos y quede además bonita. Esta operación, generalmente, la hacían mujeres. Grupos de mujeres ribeteaban los bordes con cintas de raso que les daban un bello aspecto, originando unas mantas sin parangón en España. Puede decirse que esta era una operación de finalización, de remate de la manta para darle un aspecto final más bonito.

20. Envasado. Se trata de poner la manta debidamente doblada, con su etiqueta y metida en una bolsa de plástico. Después se metían varias mantas en una caja de cartón debidamente precintada y con identificación de su contenido y dirección de envío, lista para su expedición.

14. El paso de las mantas de lana a las de fibra

Con la fibra se simplificaba la fabricación. La fibra se fabricaba en Miranda del Ebro (Burgos) y después en otros puntos más en Cataluña. Venía en fardos de doscientos kilos aproximadamente. Esta fibra venía prensada y después forrada con una tela y con unos zunchos metálicos, formando el fardo de fibra sintética, de forma rectangular.

Cuando aparece la fibra en el mercado, fibra artificial del Ebro, empiezan a derrumbarse de forma importante las mantas de lana. La fibra gana las batallas por todos lados: son más bonitas, pesan menos y su precio es más económico. No tiene sentido dar más razones. Las tres reseñadas son lapidarias, sobre todo la última.

Es el principio del fin de las mantas de lana, el giro en el mercado, es tremendo y muy rápido. La industria ancestral de la manta de lana en España se desploma de forma estrepitosa, brutal. Ante esta circunstancia, la cadena de cierres de fábricas de mantas en toda España se inicia y se va acelerando. En Antequera ocurre que hay lo que podemos llamar un intento de salvación, con el objetivo de tener sus empresas en funcionamiento y no cerrar sus negocios, que es un tema que todos los empresarios desean. Este intento se basa en hacer una reconversión y pasar a producir mantas de fibra, lo cual hacen, pero se ven abocados al cierre cuando los resultados económicos son negativos y, por tanto, insoportables. Se crea una empresa entre un grupo de fabricantes para hacer hilo de fibra para todos los demás fabricantes con el intento de producir más volumen en una instalación y con menos costo. En Hilansa participan todos los fabricantes que quieren, aunque hay algunos que no lo hacen, como ocurre siempre o casi siempre con estos temas.

Hay algunas personas que me comentan que tienen mantas de Antequera, pero que no pesan. Sí, es correcto. En los últimos años no se fabricaron mantas de lana, se dejó por imposible. Las fábricas que no se pasaron a la fibra tuvieron que cerrar.

15. Procedimiento de fabricación de mantas con fibra sintética

Industrialmente, el proceso productivo de las mantas de lana se simplifica enormemente con las mantas de fibra. Ya las máquinas de la producción de lana en alta medida no sirven, no son necesarias con la fibra sintética. La fabricación con fibra sintética es mucho más sencilla, enormemente más sencilla.

El proceso de la manta sintética es muy elemental, con lo cual la mano de obra es mucho menor. Se requieren muchos menos trabajadores, hay un menor consumo de energía en la producción, no necesita calderas de vapor, no necesita sosa, el coste energético es mínimo y el coste de fabricación es sensiblemente más económico.

La fibra sintética reúne todos los requisitos para destrozar la industria de las mantas de lana, que fue lo que ocurrió. Por ser más bonitas, más ligeras y más baratas eran preferidas las mantas sintéticas. El mercado se volcó de forma total en la compra de las mantas de fibra artificial y las mantas de lana dejaron totalmente de venderse. Esto fue de la noche a la mañana, un cambio muy rápido.

Ya con la fibra no es necesario lavar lana, tintarla (la fibra venía del color que se pidiese), secarla, abatanarla, ni ramblarla. Ya los batanes no tienen sentido, no tiene por qué estar la industria junto al río. Más bien hay que buscar estar cerca de la materia prima en una época en la que los transportes eran dificultosos, lentos y costosos.

Del cambio no hay una fecha concreta, fue paulatino, algunos sí y otros no. Se empezó en 1956 en Antequera y ya se generalizó de forma total hasta 1968. Con la puesta en marcha de Hilansa, en 1967, las fábricas de Antequera pasaron a fabricar con fibra artificial. Pocas quedaron fuera de Hilansa y las que lo hicieron cerraron pronto.

La fabricación de mantas de lana desapareció en España. Por ello, las industrias se vieron obligadas a cerrar, arruinadas y en cadena, ante la caída total del consumo de mantas de lana. Sus propietarios cierran cuando están extenuados y no pueden más; sin embargo, en Antequera no lo hicieron. Se reconvirtieron y pasaron a fabricar con fibra artificial, en un esfuerzo inteligente y encomiable. Además, sin protecciones específicas de los gobiernos, que sí las tuvieron otras regiones.

En un inicio lo que había en el mercado para los fabricantes como materia prima era la fibra en bruto y por ello se creó Hilansa en Antequera, para fabricar hilo con fibra artificial para los fabricantes de mantas. Sin embargo, años después la oferta de los productores de fibra ya era el hilo acabado y tintado, por lo que Hilansa no tenía sentido. Además, la producción de mantas era aún mucho más simple: solo hilar, cortar y ribetear con máquinas tejedoras cada vez de más alto rendimiento. Como consecuencia de ello, Hilansa tuvo que cerrar y lo mismo ocurrió con las fábricas de mantas, ya lejos del alto rendimiento de las nuevas instalaciones ubicadas cerca de la materia prima, con menores costes de transporte y con unos precios más bajos. Fue el final para Antequera.

Dentro de la época de la fabricación intensa de mantas con fibra sintética en la década de los 1990 en España, viene su fuerte declive porque dejan de utilizarse mantas y se cambian por los edredones. Se trató de un cambio que fue más lento, pero que avanzó sin pausa.

Esto fue otra historia. No sabemos cuál será la nueva después del edredón, confeccionado en buena parte en China. ¿Ahora qué vendrá? El cambio de fibra a edredones conllevó quiebras y cierres de plantas de mantas de fibra. El nuevo cambio seguro que no lo veré, pero todo sigue y sigue y dentro de no muchos años los edredones serán una historia antigua, probablemente sustituidos por otras alternativas ahora no imaginables. Aunque parezca que algo siempre será lo último, esto no es así. Lo último es lo que se piensa: lo es en lo próximo que se inventa.

Nunca hay soluciones definitivas, todo evoluciona más o menos rápido. En los tejidos cada vez se importa más de países donde el coste de mano de obra es más bajo. Y en la industria, con la evolución tecnológica rápida, la vida posible de las empresas se reduce de forma ostensible ante nuevos cambios desconocidos.

Con dos máquinas totalmente automatizadas, como son la tejedora y la percha, ya tenemos una fábrica de mantas de fibra. Sin más industria. No es necesario mucho espacio ni tenemos que ponerla junto al río, no necesitamos energía hidráulica ni contaminamos nada, no se consume agua ni productos químicos. Es más ligera la manta, más bonita y, por si fuera poco, también es más barata. Ya tampoco hacía falta hilar la fibra, se compraba el hilo hecho. Empiezan a surgir nuevos pequeños talleres con poquísimo personal, pero pronto empiezan a cerrar también ante industrias con muchísimos telares muy automatizados y muchos anuncios de venta. A estos le llega su turno de cierre con los chinos.

En Antequera la industria de las mantas era una industria ya descapitalizada. Con los años duros que había tenido que atravesar, quedó sin opciones de poder seguir trabajando. Aun así, continuó como pudo con las mantas de fibra y cuando ya la fibra se compraba con el hilo hecho, la empresa muy residual antequerana que quedaba, exhausta, tuvo que echar el cierre. No podía más.

Hilansa se creó y compraron las naves de la antigua fábrica de los Bouderé, que estaba ya cerrada y presentaba un inconveniente: a ella no podían entrar los camiones. Los camiones descargaban las balas de fibra, de unos doscientos kilos, en la plaza del Carmen y dos hombres (como era cuesta abajo) las iban rodando hasta la fábrica.

Juan Antonio Muñoz Torres me comenta que en las fechas en las que se descargaban las balas en la plaza del Carmen él era un niño y pedía permiso a Manuel Salazar (que era uno de los empleados que hacían rodar las mismas hasta llevarlas a la fábrica de Hilansa) para que, junto con otros niños, les dejara jugar al escondite entre las balas descargadas en la plaza del Carmen, cosa a la que Manuel accedía, ya que no ofrecía peligro alguno.

La fibra venía del fabricante por carreteras malas, en camiones de poco tonelaje, que era lo que había, y desde mucha distancia, con costos de transporte muy altos.

Las mantas de lana tenían un panorama muy negro, le había llegado el fin, la hora de desaparecer. A esta industria, muchos años vigente, le había llegado un cambio radical a otros materiales, un cambio de signo, otra etapa diferente, un nuevo paradigma.

Como ejemplo podemos reseñar marcas como Paduana, con anuncios en televisión donde una señora, que se adivinaba desnuda, dormía entre mantas Paduana. En época de muchas restricciones y con muy moderada publicidad en general, pues era una publicidad muy sugestiva, que causaba sensación y un aumento espectacular de las ventas (hoy Paduana tampoco existe). Había que competir y no se sabía cómo. Hay un dicho que dice: «Las mantas Paduana se cargaron a las antequeranas».

Aun así, en Antequera se resistió hasta el último momento. Las plantas más longevas de España de lana fueron las de aquí. Podemos afirmar que las últimas que se cerraron fueron las de Antequera. Y si no las últimas, para que nadie diga, pues me curo en salud y digo las penúltimas.

Leo cosas como que el empresario antequerano, en lugar de invertir y modernizar, por comodidad desvió el capital a la agricultura, sector más cómodo, dejando de lado a la industria textil, y que por dejadez perdimos esta industria. Esto no es así. Los propietarios de las fábricas de mantas no eran, en su mayoría, ni mucho menos personas con grandes capitales por lo general y todos, en la medida de sus posibilidades, hicieron lo posible para salvaguardar sus negocios mientras entraban en una lenta agonía, que ellos querían más que nadie solucionar, pues en su mayoría quedaron un tanto arruinados y otros salvaguardando en lo posible otros bienes que tenían, después de perder no poco dinero en ello.

Se procuró subsistir, pues el futuro no se veía nada claro. Se procuró adaptarse en lo posible a los cambios en la industria, se esperó a ver si los tiempos cambiaban o aparecían nuevos mercados, porque no tenían otra alternativa.

Se creó Hilansa para fabricar el hilo de fibra artificial, tanto la urdimbre como la trama. La urdimbre es el hilo fino y la trama hace el grueso, el que hace el pelo.

Hilansa comenzó su andadura en diciembre de 1967 y en ella trabajó Manuel Salazar desde el inicio hasta que cerró el 30 de noviembre de 1976. Su administrador fue Francisco Ruiz Rojas, que fue alcalde de Antequera un tiempo. También estuvo de alcalde el padre del mismo, Francisco Ruiz Ortega. La familia Ruiz Rojas, con gran experiencia, era uno de los fabricantes de mas tradición en Antequera, Rojas Castilla.

Según me informa Manuel Salazar, que él recuerde, Hilansa suministraba a Rojas Castilla, a Berdoy, a Mellado (La Cruz) y a Miguel Muñoz Avilés. Las oficinas estaban en calle Alameda, en los bajos de la casa de Francisco Ruiz.

Con este sistema de fibra sintética, La Juanona, La Cañada y Los Remedios no tenían sentido alguno y tuvieron que cerrar, aunque a todos les pesaba. A nadie le gusta cerrar un negocio, salvo que sea una ruina, en cuyo caso no hay otra alternativa. Quedó la fábrica del Grupo Berdoy de calle Higueruelos, donde estaban los telares, hasta que se hizo inviable económicamente.

Quedaron fuera de Hilansa Ramos (Máquina Íñiguez) y la fábrica Argüelles. Ya no quedaban más.

En Muñoz Avilés, en el Henchidero, donde está el Museo Textil, es donde se tejieron las últimas mantas de Antequera, cuyo hilo, como hemos comentado, se fabricaba en Hilansa, donde también se sacaba el pelo. Y en Hilansa se sacó también el pelo a las últimas mantas, cuyo ribete y embalaje se hizo en Muñoz Avilés. Hilansa en 1976 tenía como único cliente a Muñoz Avilés. En noviembre de 1976 se llevó a cabo la fabricación de la última manta y era de fibra sintética.

En Hilansa no solo se fabricaba el hilo, sino que además se perchaba, es decir, se sacaba el pelo. En las fábricas de los socios solo había que tejer. Las mantas tejidas volvían a Hilansa para sacar el pelo en las perchas y finalmente volvían a cada fábrica para cortarlas, ponerles los filos de cinta o ribete, envasar, vender y expedir. La venta era cada vez más difícil y los precios estaban por los suelos.

Como el hilo (trama y urdimbre) en más volumen para suministrar a los fabricantes de Antequera y disminuir costos, igualmente las perchas más modernas se pusieron en Hilansa para sacar el pelo. De esta forma, los fabricantes solo tenían que tejer la manta y, finalmente, ponerle el ribete, envasarla y venderla, por lo que cada uno seguía con su marca y su clientela.

No hubo integración o fusión, ya que cada fabricante tenía su mercado y el control de su negocio. En las empresas pequeñas es muy difícil la fusión. En las grandes es más fácil, pues lo decide un consejo de administración. En las pequeñas, si se fusionan cuatro empresas, pues tres empresarios tienen que buscarse la vida en otro lado, por lo que es mucho más complicado.

En las cooperativas ocurre en muchos casos lo mismo. Imaginemos un pueblo con tres cooperativas olivareras. Lo lógico sería fusionarlas en una, pero ello supondría que solo quedaría uno de sus presidentes y dos quedarían fuera y con las juntas directivas ocurriría lo mismo. Por ello en muy raros casos se consigue, como excepciones que justifican la regla. Nadie quiere renunciar a su puesto, que generalmente tiene sus compensaciones económicas y sociales.

En mi experiencia profesional he visto largas conversaciones y reuniones para llegar a la integración de empresas pequeñas, pero no se han hecho. Subyace lo antedicho, el temor a que con la fusión se queden con las manos cruzadas y sin trabajo los propietarios, excepto uno en todo caso. Evidentemente, para los trabajadores también significa disminución clara y rotunda de puestos de trabajo, aunque se quiera maquillar con prometedores inventos.

Con esta fórmula comentada Hilansa vivió once años, en los que Manuel Salazar, de principio a fin, estuvo en la misma en su profesión de siempre, de «perchero».

El ruido de los telares hacía tac, tac, tac… Los tradicionales, los más modernos, chat, chat, chat… Ya en los ultramodernos el chat, chat ni se escuchaba. La maquinaria de tejer y la mecanización en general evolucionaban a todo ritmo y además una sola persona atendía varios telares. El chat lento y cadencioso había desaparecido con telares de los que continuamente salían nuevos modelos más rápidos y automáticos.

En el año 1955 fue cuando llegó la fibra a Antequera, según las informaciones recabadas, lo cual hizo a las fábricas cerrar o adaptarse a la misma. Fue Antequera la única ciudad en España que se reconvirtió de lana a fibra.

Esto de que en Antequera no se supieron hacer las cosas bien y que el empresario no supo defenderse de un mercado cambiante y cerró más o menos por comodidad, por no ser lo suficientemente profesional, no es así ni remotamente, pero es que los antequeranos somos muy negativos con nuestros propios paisanos. Normalmente, en vez de examinar bien las circunstancias acusamos al vecino.

Teníamos una industria que, por imperativos causados por la salida al mercado de nuevos productos, queda antigua y caduca. Ante dicho desplome se estudian soluciones y las mismas se acometen, pero una serie de consideraciones como las malas comunicaciones o el estar muy alejados de los puntos de producción de materia prima y de consumo las hicieron inviables.

La industria textil lanera en España era muy importante, fundamental y básica, y las mantas, por supuesto, también lo eran. La caída de la industria es aparatosa en todo el país. Cientos de empresas echan el cierre y muchísimo personal pierde su trabajo.

La confección de mantas como legado histórico y con procedimientos modernos (es decir, tejerlas como recuerdo del pasado de Antequera) es el futuro.

Manuel Salazar me pasa los nombres de compañeros que con él trabajaban en Hilansa:

- Antonio Acedo Pinto.
- Juan García Paradas
- Socorro García Paradas.
- Joaquín Mora.
- Manuel Prieto.
- Diego Espinosa.

Que él sepa, todos han fallecido, excepto Joaquín Mora. Entrañables compañeros a los que el tiempo se llevó, como nos llevará a todos.

Hilansa puso sus instalaciones en la antigua fábrica Laz de los señores Bouderé. Cuando empezó Hilansa, en estas instalaciones ya no había batán, porque Hilansa desde el momento que empezó a funcionar era todo para fibra. La máquina de los Bouderé ya hacía tiempo que estaba cerrada y una obra civil no tenía maquinaria.

Saliendo del barrio del Carmen por la calle Niña de Antequera, que es el nombre de hoy, desde el mirador se ve la fábrica bien. En el tejado ponía «LAZ», aunque hoy ya se ha renovado. En esa fábrica estaba Hilansa y fue donde trabajó Manuel Salazar. En una nave se hacía el hilo y otra era la de los telares, pero como no había telares ya en la fábrica de Hilansa pusieron una granja de gallinas, pero se murieron todas. El que fue alcalde de Antequera Francisco Ruiz Rojas era el administrador de Hilansa y contaba que cuando entra una enfermedad en un gallinero se mueren todas las gallinas.

Manuel Salazar se acuerda de que en Melilla, en la mili, era asistente de un teniente que tenía gallinas. Un día llevó dos gallos que le habían regalado y se murieron todas las gallinas porque los gallos llegaron enfermos. El teniente tenía las gallinas para el gasto de la casa.

En las instalaciones de la antigua fábrica de Bouderé, en una nave grande se ubicó la fabricación de hilados y las perchas para sacar el pelo. Todo lo demás quedaba vacío. Las demás naves, para aprovecharlas, se usaron de gallinero, pero en los gallineros si se muere una gallina de la enfermedad se mueren todas y eso fue lo que ocurrió con los grandes gallineros que se pusieron en Hilansa.

16. La última manta

Según está publicado en internet, la última fábrica que cerró fue La Chafarina en 1970, que era de los señores Miranda. Pero no es así, esta no fue la última. Una de las últimas fábricas en cerrar, la penúltima, fue la fábrica de mantas Muñoz Rojas, las muy conocidas Mantas Maroca.

Durante los nueve años de vida de Hilansa estuvo en todo momento Manuel Salazar en la misma. Antes había estado veinticinco años en el Grupo Berdoy, de lo cual tenía un certificado. Tenía, pues, los veinticinco años en grupo Berdoy, más los nueve en Hilansa. Manuel Salazar cobró del Fondo de Garantía Salarial aproximadamente 550.000 pesetas (además en billetes, como se cobraba en aquella época) en unas oficinas que había en calle Estepa, enfrente del Ayuntamiento.

La última fábrica que cerró fue Hilansa (donde siempre había trabajado el señor Manuel Salazar), que fabricaba hilo con fibra sintética y también «sacaba el pelo a las mantas» en las perchas. Simultáneamente cerró la fábrica del Henchidero, de Miguel Muñoz Avilés, la cual tejía la manta con hilo de Hilansa. Después de tejerla, la enviaba a Hilansa para sacarle el pelo en las perchas y volvía de nuevo a la fábrica del Henchidero para el ribeteado, el envasado y la expedición. De esta fábrica salió la última manta al mercado.

De los socios de Hilansa era el único que quedaba y, lógicamente, así la empresa no se sostenía y se decidió el cierre de ambas, siendo la nómina final la de noviembre de 1976, mes en el que se hicieron las últimas mantas de Antequera, hechas con fibra sintética.

En los últimos meses Hilansa no trabajaba de forma continua. Finalmente, se cerró definitivamente el 30 de noviembre de 1976, fecha de la fabricación de los últimos carretes de hilo y de la última nómina de Manuel Salazar. Ya se había sincronizado el cierre de ambas, coordinando Hilansa con el Henchidero, a efectos de que no quedase *stock* de materia prima ni de hilos.

Con las últimas bobinas de Hilansa Muñoz Avilés tejió la última manta de Antequera, que pasó luego por la percha de Hilansa y regresó a Muñoz Avilés para su corte, ribeteado y envasado. El final llegó ese 30 de noviembre, un mes antes de esas tristes Navidades para el sector.

INSTITUTO NACIONAL DE LA SEGURIDAD SOCIAL
DIRECCION PROVINCIAL
Esperanto núm. 1 · Teléfono 29 37 00
MALAGA

CERTIFICACION DE EMPRESA

Nombre y apellidos de la persona que certifica	Cargo (Director, Gerente, Propietario, etc.)	
Francisco Ruiz Rojas	Gerente	

Denominación de la Empresa	Actividad	N.º Inscripción S. S.
Hilatura Antequerana, S. A	Textil	29/29.228

Domicilio: Calle o plaza	N.º	Localidad y Provincia	D.P.
Piscina, 14		ANTEQUERA (Málaga)	

C E R T I F I C A :

1.º Que el trabajador que a continuación se indica ha prestado servicio en esta Empresa durante los periodos que asimismo se expresan:

Nombre y apellidos del trabajador:	N.º D. N. I.
MANUEL SALAZAR COBOS	25.216.284

Fecha nacimiento	Localidad y Provincia	Categoría Profesional	G. Tarifas	N.º Afiliación a la S. S.
27-10-1925	Antequera (Málaga)	Primera	8	29/39.899

Domicilio: Calle o plaza	N.º	Localidad y Provincia	D.P.
Cuesta Salas, 13	3	ANTEQUERA (Málaga)	

Del día 3 de 12 19 67 al día de 19   Del día de 19 al día de 19
Del día de 19 al día de 19   Del día de 19 al día de 19
Del día de 19 al día de 19   Del día de 19 al día de 19
Del día de 19 al día de 19   Del día de 19 al día de 19

2.º Que actualmente se encuentra en la siguiente situación:

En servicio activo . . . (1)	SI / NO	En situación de Baja por	Fecha de la baja
			30 Noviembre 1976

3.º Que en el período que a continuación se detalla cotizó al Régimen General por las bases que se señalan. (2)

Año/mes	N.º de días	Base Tarifada	Base Complem. Indi.	Mejoras M. L.	Año/mes	N.º de días	Base Tarifada	Base Complem. Indi.	Mejora M. L.

Y para que conste y surta efecto ante el I.N.S.S.

firma la presente Certificación en Antequera a 1 de Julio de 19 85

(Firma y sello de la Empresa)

H. . . . . , S. A.

(1) Táchese lo que no proceda
(2) Ver ADVERTENCIAS al dorso

17. Epílogo

Antequera, en 1861, hace 160 años, ocupaba el puesto número quince de ciudades con más industria en España (incluyendo capitales de provincia), lo que es un tema para enorgullecernos de grata memoria. Un recuerdo agradable de un pasado potente. Un hito muy destacable y que conviene potenciar y saber. No fuimos del montón, sino del pelotón de cabeza, y la textil lanera antequerana ocupaba un puesto muy destacado dentro del sector industrial de la ciudad.

Es bastante fácil caer en el tópico de indicar que si un determinado sector antes era fuerte y hoy ha desaparecido es consecuencia de la incompetencia de los empresarios, que no supieron en un tiempo amoldarse a la situación, que más que en industria invertían en compra de fincas, más cómoda y segura (tema más que discutible, me refiero a la rentabilidad agrícola, sujeta a tantos vaivenes), que no se hicieron las inversiones suficientes y otros manidos comentarios. Después de estudiado el asunto, se puede concluir que no fue así ni mucho menos.

Es la crítica negativa típica, un tanto generalizada y que, aparte de no ser cierta, nos hace daño a nosotros mismos, es decir, a nuestra propia historia.

Es una leyenda negra demoledora, ingrata, y para colmo no real. Es habitual entre antequeranos echar la culpa de nuestros males a otros antequeranos, ejercicio no positivo ni constructivo, muy triste y lamentable. Quizá seamos muchos los antequeranos negativos en muchas circunstancias y también algo masoquistas, con nuestro brillante pasado, nuestra tierra tan bonita y nuestro esperanzador futuro.

El sector lanero en Antequera es un caso único en España. Siendo totalmente de paños y bayetas artesanales, es capaz de reconvertirse en industrial, cosa que es absolutamente atípica, y pasa de los paños y bayetas artesanales a mantas industrializadas cuando los primeros eran ya insostenibles. Caso único en la historia de España.

El sector de las mantas de lana fue evolucionando en las nuevas tecnologías y en Antequera no quedó rezagado de las mismas. Quizá no fuésemos pioneros, pero sí se iba entrando en lo nuevo, con algún retraso hasta que se viese que la tecnología funcionaba, que es un principio de prudencia. Las fábricas se electrificaron cuando pudieron disponer de electricidad para ser utilizada en aquellas máquinas en las que era necesaria y se fueron adaptando a los avances.

Cuando las mantas de lana se eclipsaron con las de fibra, Antequera paso a la misma. Lo que ya no pudo evitar y trajo el fin fue que los fabricantes de fibra también pasaron a hilar.

Antequera, aunque en un sitio estratégico, tenía unas fatales comunicaciones. Las carreteras no podían ser peores, ferrocarril no existía y cuando lo hubo era lento y falto de agilidad. Las comunicaciones eran de todo, menos rápidas y eficientes, y llegar al puerto de Málaga, muy embrionario y de poquísimo movimiento, implicaba la dificultad añadida de una carretera de infarto con sus curvas, su piso y su eterna cuesta. Hemos sido siempre más granadinos que malagueños. Al menos a Granada, aunque situada mucho más lejos, podíamos llegar vivos.

El empresario está sujeto a muchos avatares y sorpresas. La industria textil artesanal en toda España cayó, salvo algunas excepciones con buenas comunicaciones y con apoyos estatales variados. Antequera fue capaz de evolucionar por sí sola, sin ayudas, a un formato industrial, iniciándose la producción de mantas. Porque las ayudas estatales a la industria siempre se las han llevado las zonas donde estaba la que las necesitaba. Ahora muchos de los problemas regionales vienen por la caída industrial.

Fue un tanto peregrino el inicio del desarrollo del textil de algodón en Antequera, pero conviene recordarlo. Fue un paso adelante osado, atrevido, cuando en aquellas fechas de mediados del XIX, entre otras cosas, no había cultivo de algodón en España y había que importarlo de tierras americanas. Antequera, además, no estaba cerca de un puerto de tráfico marítimo importante que tuviera líneas con América, tal como sí las tenían Barcelona o Valencia. No llegamos a la confección de telas de algodón porque se adelantó demasiado al futuro. No fuimos detrás, sino muy por delante.

¿Es culpa ello del empresariado antequerano el cierre de las fábricas? Es, en alguna medida, como si dijéramos que cuando se inventaron los tractores la culpa la tuvieron los que utilizaban mulos para las operaciones agrícolas, que no supieron adaptarse a los tiempos modernos, y el agricultor pasó a llamarse terrateniente y persona que solo cuidaba de sí misma y no de los demás. Él tenía la culpa, no los inventores de los tractores. Y es que el paradigma había cambiado, todo era distinto.

Después, años más tarde, ya no en Antequera, la industria de mantas de fibras sintéticas se ha eclipsado y estas han sido sustituidas por edredones y nórdicos y, más tarde, por las importaciones, fundamentalmente asiáticas, en un mundo cada vez más globalizado.

La vida del empresario es muy complicada, por lo general, salvo casos especiales con suerte. Debe de haber excepciones, supongo, aunque no las conozco. Los negocios están sujetos a una serie de vicisitudes: mucha inversión, mucho esfuerzo, muchos imprevistos de cambios radicales en los que lo blanco se convierte en negro (yo ya diría que en veinticuatro horas) y la incertidumbre del futuro a corto y largo plazo es muy inquietante. Todo ello aparte de los muchos problemas diarios, algunos de los cuales no solo afectan a la economía, sino también a los sentimientos y fuertemente. La mezcla de ambas cosas es demoledora. De la noche a la mañana pasas de una situación esperanzadora a otra ruinosa.

En muchos casos la empresa muere porque cambios en la legislación la hacen inviable o no posible (como son los temas medioambientales, por ejemplo), a la vez que se encuentra sujeta a mil normas y controles que hacen que al empresario le dé una sensación de ser una persona de alguna manera hasta perseguida, cuando debe ser alabada por su quehacer.

Recuerdo en estos momentos a la industria azucarera, cómo la asignación de unas cuotas mínimas a España en las negociaciones de entrada en la Comunidad Europea (cuando ingresamos en ella se establecieron unas cuotas productivas que no se pueden rebasar) obligó al cierre en cadena de la mayoría de la potente industria azucarera española, salvando algunas por estar en lugares de producción asignados a la remolacha y dedicarse a la producción de azúcar en los cortos cupos previstos, que han sobrevivido como testimonio de un pasado industrial glorioso. Estos cierres también originan el de otras industrias subsidiaras de tipo muy variado. Medidas políticas destruyen empresas o hacen perspectivas de otras nuevas rentables, a las que ayudan y que después, en muchas ocasiones, se convierten en totales desastres (como el biodiésel, por ejemplo, donde se hicieron muchas fábricas, pero la mayoría no llegó ni a funcionar porque las importaciones son más baratas). No me creo nada. Incluso, respecto a los huertos solares, el anuncio de ayudas concretas con precios garantizados de este producto después no ha sido así. Es decir, lo que promete el Gobierno muchas veces no se cumple, seguramente porque es imposible.

Esto ya sin saber qué nos deparará la COVID. Desde luego, económicamente ya se están viendo muchos desastres y vamos a ver qué empresas subsisten. Esto no sé si lo veremos, pues primero tenemos que subsistir nosotros. Los desastres económicos en buena parte no son inmediatos, sino que se producen al cabo de dos, tres o cuatro años, cuando ya los recursos han sido más que agotados, como ocurrió en la crisis del 2008, que viví dentro una empresa más que intensamente y que fue una de las no muchas que lograron subsistir. El grande con más recursos resiste más, pero cae. Cuando está tocando fondo, no se puede recuperar en muchos casos.

El empresario es un creador de riqueza al que debemos cuidar y apoyar. En un país se vivirá mejor en tanto en cuanto haya más empresas generadoras de empleo y de desarrollo económico. Es triste ver cómo se ataca al empresario triunfador en vez de aplaudirle. No se trata de atacar a los ricos, sino de ayudar para evitar que haya pobres.

El empresario agrícola, el industrial, el turístico, etc., deben ser mimados. Eso sí, cuidando nuestro patrimonio cultural, histórico y artístico, que deben heredar mejorado en lo posible las generaciones venideras. Porque en nuestro patrimonio histórico y en la belleza de nuestra ciudad está el futuro como potencia de la industria turística. Esto tenemos que tenerlo muy claro en nuestra mente colectiva.

Hemos de ver todos juntos cómo ayudamos a la activación más intensa de Antequera desde el punto de vista turístico, agrícola e industrial, como manera de mejorar el nivel de vida de sus habitantes y de España en general. Esto es ayudar al empresario en vez de quejarnos tanto. En general, leo en las redes sociales comentarios que en muchos casos me llenan de pena de lo nada comprendidos que son los empresarios. Así los que se hacen empresarios son, en su mayoría, los que no tienen otra alternativa y no consiguen el privilegio de un sueldo fijo (lo ideal es que sea del Estado y si no, de una empresa grande), no debiendo ser así de ninguna manera. El empresario requiere mucha formación y apoyo.

A veces la genialidad del empresario logra hacer ventajas de las situaciones difíciles y sacar de ruinas nuevas industrias en situaciones que se asemejan a los milagros. Eso solo ocurre muy ocasionalmente, yo diría hasta de casualidad. Son artistas de la economía, artistas con gran mérito.

La historia de que el lobo feroz de Valencia y Cataluña se comió a las ovejas de Antequera no es cierta y es consecuencia de la falta de conocimiento y de nuestro fatalismo, cuando han sido cambios de paradigma en la historia.

La mecanización del campo fue la causa de una emigración espantosa en 1960 y en los años cercanos. La única salida era la emigración. De esto no tuvo la culpa el agricultor grande ni pequeño, desde luego. Había entrado la mecanización y había que adaptar costes a los del mercado.

La agricultura andaluza no lo tiene nada claro con el olivar, donde las nuevas plantaciones con menor coste de producto rompen el paradigma tradicional, aparte de las plantaciones en muchos otros países.

La tecnología 4.0 industrial (en definitiva, la industria digital, dejando atrás la industria mecánica) desde luego crea puestos de trabajo, pero destruye más. Las industrias están absolutamente automatizadas.

En vez de tener menos apoyos estatales, las zonas más pobres que las demás, como Andalucía, deberíamos haber tenido más ayudas que los demás para igualar un poco, así como inversiones más importantes en carreteras, ferrocarriles y puertos. Sin infraestructura en comunicaciones no hay desarrollo. Aunque, por otro lado, lo que ocurre es que si hay un problema industrial se acude allí donde está la industria para intentar solucionarlo. Lo malo ahora es que el problema que nos afecta a nosotros no lo podemos resolver, pues lo causan China u otros países.

Lo que es cierto es que los empresarios antequeranos lucharon con denuedo por la industria textil dentro de sus posibilidades e hicieron de Antequera, en este campo, un modelo cuando menos a nivel andaluz y muy destacado en España. Se defendió la industria y se hicieron todos los esfuerzos posibles para lograr al menos su mantenimiento y expansión, pero en estos asuntos influyen multitud de factores y hay sectores industriales que crecen y que después son sustituidos por otros, y estos cambios no se producen aquí, en el mismo sitio donde hay tradición, sino en otro país, por ejemplo.

Debemos estar orgullosos de nuestra historia, por ejemplo, en el campo de las mantas, desde la primera manta a la última, y debemos apoyar mucho más fuertemente a los empresarios antequeranos y a la instalación de empresas. Y es básico el apoyo al comercio local. Si las empresas crecen y crecen, ¡qué alegría! Para todos es bueno. Lo nefasto es lo contrario. Y Antequera es una buena cuna de empresarios. Seguro que cuando salgamos de esta Antequera, con sus polígonos industriales, su agricultura, su turismo y su afán, emergerá con fuerza, porque se lo merece.

Eso sí, los polígonos industriales podían haber estado en otro sitio más alejado y menos vistoso, lejos de los monumentos megalíticos y quitando vista a la Peña de los Enamorados, en lugares que no afecten a nuestro patrimonio histórico. En general, los polígonos industriales son en alta medida un atentado contra el paisaje, son la fealdad en sí mismos. Se trata de cubrir el mayor número de metros cuadrados con el costo más bajo posible y salen unas naves horrendas junto a las ciudades, que impiden su crecimiento residencial de población. Es hora que se vean medidas para que los polígonos tengan alguna belleza constructiva y no metros cuadrados de chapas infames. Y ubicados en sitios adecuados, no monumentales.

Hemos de diseñar ahora una Antequera para 200.000 habitantes, para que las generaciones venideras gocen de la ciudad más bonita de Andalucía y centro neurálgico y referente de la misma, viendo de cuidar a fondo lo que queda de patrimonio, poniendo en valor el mismo antes de que sea tarde.

En un comentario en Facebook indiqué que convendría ir diseñando la Antequera que queremos dentro de cincuenta años. Algunos comentarios me pusieron verde. No esperemos a que salgamos de esta para pensar después, como leo. Pensemos ahora. Dejémonos de luchas políticas y pongámonos a trabajar. Aunque sé que es imposible, visto lo visto, en esta España nuestra. Cuando en una empresa entra la política por una puerta, por otra sale el futuro.

El futuro no viene, el futuro se construye hoy. El futuro es de los que saben adelantarse al mismo.

¡El mundo es nuestro! ¡Vamos a por él!

9 788418 912948